LA
JURISPRUDENCE
DU GRAND-CONSEIL,
EXAMINÉE
Dans les Maximes du Royaume.

TOME SECOND.

LA JURISPRUDENCE DU GRAND-CONSEIL,

EXAMINÉE

Dans les Maximes du Royaume.

OUVRAGE PRÉCIEUX,

CONTENANT:

L'Histoire de l'Inquisition en France.
Celle de la Bulle in Cœnâ Domini.
Celle du Pétitoire & du Possessoire des Matieres eccléfiastiques.
Celle de la Pragmatique & du Concordat.
Celle de l'Appellation comme d'Abus.
Celle du Serment de fidélité & de la Régale.
Celle de l'Expectative des Gradués.
Celle de l'Ufure.
Celle du Privilege de Cléricature.
Et celle de la Compétence du Juge laïc & du Juge d'Eglise dans les Procès criminels des Eccléfiastiques.

TOME SECOND.

A AVIGNON.

M. DCC. LXXV.

LA
JURISPRUDENCE
DU GRAND-CONSEIL,
EXAMINÉE
DANS les Maximes du Royaume.

ART. VI.

L'attribution faite au Grand-Conseil des contestations à naître au sujet des nominations Royales, autres que la Régale, suppose que le droit de joyeux avénement & celui de serment de fidélité sont moins favorables & moins privilégiés.

QUels ravages ne cause point le faux zele ! il obscurcit tellement les idées naturelles de l'équité, qu'il rend l'homme incapable de difcerner le bien d'avec le mal. Corrompre les écritures, fubftituer à des textes clairs les illufions de l'efprit humain, placer l'erreur dans le fanctuaire de la vérité, effacer les grands traits qui fervent à repréfenter la Majefté divine dans les Princes de la terre ; voilà ce qu'il a fallu faire pour accréditer l'affreux fyftême de la dépofition des Souverains par les Papes ; & on y eft parvenu. Faut-il être étonné que les droits de leur Couronne n'ayent pas été plus refpectés qu'eux-mêmes ? Lorfqu'on voit l'Empereur Henri IV defcendre du trône à la voix d'un Pontife audacieux, eft-on furpris de voir Fréderic II renoncer à la régale, comme à un abus ? *

* Goldaft. conftit. imper. t. 1, p. 289.

Que de combats n'a-t-il pas fallu livrer & foutenir en France, pour conferver ce droit précieux à la Couronne ? Les temps de l'ufurpation eccléfiaftique ont ceffé ; une faine lumiere portée fur tous les Etats & fur les droits politiques,

a diffipé le preftige des préventions.
Pourquoi donc féparer encore des chofes
inféparables ? Pourquoi foumettre les
droits de *joyeux avénement* & de ferment *de fidélité*, à la jurifprudence ver-
fatile d'une jurifdiction qui accorde aux
indults des Papes une préférence fur eux ?
Ces droits facrés dérivent de la même
fource que la *Régale*, ou plutôt ils ne
font qu'un avec elle ; tous les trois font
royaux & féodaux. Celui de *joyeux
avénement*, doit avoir lieu à raifon de
la mutation du Seigneur dominant ; celui de *ferment de fidélité*, lui appartient
à la mutation du vaffal ; & la *régale*
proprement dite, lui eft due à la vacance
du fief. Commençons par celleci ; fon
hiftoire répandra plus de lumieres fur
les deux autres.

SECTION I.

Histoire de la Régale.

IL y a des droits *régaliens* qui font fondés fur des maximes communes à toutes les Souverainetés ; il en eft d'autres qui retiennent le nom de *régaliens* dans quelques monarchies, & qui n'ont pas ce titre dans les ariftocraties, encore moins dans les démocraties. *En France, la Régale*, dit le Bret, *eſt un des plus nobles & des plus riches fleurons de la* * Couronne. Elle confifte dans la jouiffance des prérogatives attachées au patronnage des bénéfices confiftoriaux, à en percevoir les revenus pendant la vacance, & à conférer de plein droit les bénéfices qui en dépendent, excepté ceux qui font à charge d'ames. Ce droit appartient directement à la Couronne. Le Roi l'exerce jufqu'à ce que le Prélat nommé & bullé lui ait prêté le ferment de fidélité, & que cet

* Décif. de plufieurs notab. queft. p. 563, édit. 1642.

acte ait été enrégiftré dans la Chambre des Comptes de Paris, & que l'enrégiftrement ait été fignifié aux Economes.

§. I.

Sentiments des Auteurs fur ce qui fert de fondement à la Régale.

Vers la fin du feizieme fiecle, on n'avoit pas encore découvert le droit primordial qui donne au Roi la nomination aux bénéfices d'un Evêché pendant la vacance du Siege. On ignoroit fon origine, parce qu'on ne l'avoit cherchée que dans les droits du Prince, confidéré comme Magiftrat politique & protecteur du Clergé. Il falloit auffi joindre à ces deux titres celui de Seigneur dominant & fuzerain du fief; on auroit alors apperçu que le droit de *Régale* étoit féodal & royal. Par la loi des fiefs, le Roi eft fondé, à chaque mutation de vassaux, de lever à son profit les revenus des fiefs mouvants de la Couronne à titre de patronnage féodal, & *faute d'hommes*, jusqu'à ce que son fief soit servi par un nouveau vassal; & cette jouissance dure autant que les fiefs sont dépourvus de titulaires.

„ Le droit de régale, dit Du Mou-
„ lin, appartient à la Couronne, à
„ cause du domaine direct & du pa-
„ tronnage féodal que le Roi a sur le
„ temporel des Eglises, lequel releve
„ en fief de la Couronne *.

„ Quelque grande que soit l'autorité
„ du Roi, ajoute M. Talon, il ne peut
„ renoncer à la régale en tout ni en
„ partie... Quelque soumission que nous
„ ayions pour ses volontés, nous le
„ supplierons plutôt de nous décharger
„ de l'exercice de nos charges, que de
„ souffrir que la régale reçoive la moin-
„ dre diminution par nos suffrages ou
„ par notre silence *.

Un Ecrivain moderne prétend qu'au-

* Molinæ, in constit. tit. 42, non constit.

* Plaidoyer du 20 Juin 1681.

trefois il n'y avoit que les Prélatures de fondation royale qui fuſſent ſoumiſes à la régale ; que les autres fondées par des particuliers n'y étoient pas ſujettes ; il cite un capitulaire où Lothaire déclare *que toute perſonne libre qui fait une donation à l'Egliſe, peut retenir l'uſufruit de la choſe donnée, & même s'y réſerver pour toujours un droit d'inſpection & d'adminiſtration* *.

* Origines, &c. t. I, p. 334.

Mais les fondations des particuliers furent enſuite compriſes dans la régale, & voici la maniere dont s'eſt fait ce changement. Les fondateurs ayant demandé au Roi qu'il confirmât les donations, le Prince, par une charte, leur donna en quelque façon la nature *d'aleu* ou de propre, & leur accorda des immunités ; enſuite les fondateurs ou le Clergé les reprirent du Roi en fief *.

* Capitul. Car. Calv. t. II, c. 2.

„ Cette opération, dit l'Auteur que „ je viens de citer, mit dans la main „ du Roi un grand nombre de béné- „ fices, qui n'étoient pas de ſa fonda-

„ tion , & par conséquent ces bénéfi-
„ ces vaquerent en régale *.

Le sentiment qui fonde la régale sur le droit de fief dominant & de patronnage, plut autrefois au célebre Jérôme Bignon, Avocat-général ; il s'en dégoûta ensuite, pour en embrasser un autre rapporté par l'Abbé Perau dans la vie de ce Magistrat. M. Bignon, après avoir déclaré que les anciens Seigneurs François qui ont joui du droit de patronnage, ne se font jamais attribué les prérogatives de la régale, *ne fut plus disposé à croire que la régale tire son origine du droit de fief, ni de celui de patronnage. Ce n'est pas le sentiment du Parlement, qui regarde la régale comme un un droit qui, à l'exclusion de quelqu'autre Seigneur que ce soit, appartient uniquement au Roi, & comme une chose inséparable de la Couronne.* Il s'appliqua ensuite à chercher un autre principe de la régale , & conjectura qu'elle pourroit avoir pour origine la protection que les

Eglifes avoient intérêt de demander au Roi pendant la vacance du Siege épifcopal. Elles l'imploroient contre l'uſurpation des Seigneurs & des Evêques voiſins, qui pouvoient s'emparer du ſpirituel & du temporel de ces Eglifes dans une conjonˇture où il leur étoit facile d'entreprendre & d'exécuter de pareils deſſeins *.

" Il étoit naturel à des Eglifes mena-
" cées de trouble & d'uſurpation, de re-
" courir à l'autorité ſouveraine pour
" être conſervées avec une ſûreté par-
" faite juſqu'à ce qu'il y eût un nou-
" vel Evêque. Il étoit juſte, ajoute M.
" Bignon, que cette protecˇtion royale
" (comme un droit de garde plus émi-
" nent que celui dont jouiſſoient alors
" les plus grands Seigneurs) fût accom-
" pagné de plus grands privileges; en
" ſorte que le Roi n'eut pas ſeulement
" durant la vacance le fruit des Evêchés
" & la nomination aux bénéfices, mais
" même la collation de plein droit qui

* Vie de M. Bign. p. 211, 212.

,, lui convenoit ; elle lui étoit d'autant
,, mieux due , qu'il auroit été dangereux
,, dans la suite , & nuisible aux Eglises ,
,, que cette collation eût été déférée
,, aux Métropolitains ou aux Evêques
,, voisins : qu'on n'alloit pas à Rome
,, dans les premiers temps de la Monar-
,, chie pour la provision des bénéfices ;
,, qu'il n'y avoit point dans la plupart
,, des Dioceses de Cathédrales formées,
,, & de Chapitres revêtus de jurisdiction
,, & d'administration ecclésiastique du-
,, rant la vacance ; qu'ainsi, à la réser-
,, ve des droits qui sont spirituels, & qui
,, dépendent uniquement du caractere,
,, tels que sont la consécration des per-
,, sonnes & des lieux saints , l'adminis-
,, tration des Sacrements & autres fonc-
,, tions attachées spécialement à la di-
,, gnité épiscopale, & qui n'ont pour
,, objet que le soin & la sanctification
,, des ames, toutes les autres qui com-
,, posent ce qu'on appelle *droit de ré-*
,, *gale* , paroissent n'avoir été qu'un ef-

» fet naturel & une fuite néceffaire
» de la protection fouveraine que les
» Eglifes recevoient ou attendoient du
» Roi durant la vacance pour leur re-
» pos & fûreté „.

L'Auteur de *l'Abrégé chronologique de
l'Hiftoire de France*, ne goûte ni le fyftême de la régale fondée fur le droit de
garde & de protection, ni la plupart des
maximes que l'on employe pour appuyer
le droit de régale. „ On ne prend pas
» garde, dit-il, que tous ces principes
» vont à rendre le droit de régale com-
» mun à tous les Rois, ce qui eft faux,
» puifque les Rois de France feuls en
» jouiffent, & à diminuer la noble an-
» cienneté de fon origine, puifqu'on
» ne la feroit remonter tout au plus qu'à
» la fin de la feconde race en y appli-
» quant la loi des fiefs ; au-lieu que ce
» droit ayant été reconnu folemnelle-
» ment .... par les Evêques contradic-
» teurs de ce droit, enfuite par les Con-
» ciles & les Papes, cette reconnoif-

,, sance n'en borne plus l'origine, &
,, fait rentrer à la vacance les fruits de
,, l'Evêché dans la main du Roi par
,, un droit acquis de tous les temps à
,, la dignité de son trône ,, *.

Mais ce sentiment du Président Hainault fait tort à ses lumieres. Les Rois
de France ne sont pas seuls Souverains
qui ayent le droit de régale. Les Empereurs en ont joui avant l'anarchie du
treizieme siecle. Ils n'en jouissent plus
dans toute son étendue : néanmoins ils
ont sauvé quelques débris d'un droit si
auguste, comme celui de disposer dans
chaque Chapitre d'une place vacante.
On appelle cette prérogative les *premieres prières*.

Les Hollandois, maîtres de Tournay
en 1710, firent valoir le droit de régale
pendant la vacance du Siege épiscopal
de cette Ville. Les Docteurs de Lou-
vain consultés répondirent, que les Hollandois ayant fait la conquête de cette
Ville en étoient souverains, qu'ainsi le

* Abrégé chronol. à l'an 511, derniere édit.

temporel de cette Eglife tombant en régale, leur République avoit droit d'en percevoir les revenus, & de jouir pendant la vacance des autres droits femblables attachés à la fouveraineté *. On verra plus bas, §. 4, que fous le Pontificat d'Innocent III, la régale étoit établie en Angleterre & en Irlande.

* Van-Elpen, t. 3 de l'édit. de 1753.

Le Concile de Lyon, tenu en 1274, s'énonce de maniere fur la régale, qu'il fuppofe que plufieurs Souverains jouiffoient de ce droit dans le treizieme fiecle *. Ces preuves démontrent fuffifamment que le droit de régale eft commun aux Souverains, & qu'il l'étoit anciennement.

* Conc. Lugd. c. 12, f. 3.

§. II.

De l'antiquité de la Régale.

LEs Jurifconfultes & les Canoniftes ne font pas d'accord fur l'antiquité de la régale. Bengy & Pinfon comparent la régale au Nil , dont le cours est d'autant plus noble que la source en est peut-être encore inconnue. *Regalia* , dit Bengy , *est tortuosa ut Nilus ;* semblable à ces anciennes familles qui semblent être *aborigenes* *.

** Traité des bénéf. ecclés. 54. n. 7.*

Comme ce sentiment n'établit point l'antiquité précise de la régale , il en a paru un second qui fixe son époque au regne de Charlemagne. Ce Prince , disent les Auteurs de cette opinion, avoit le droit de confirmer l'élection du Pape , & d'investir les Prélats de son Empire, droit qu'on peut appeller *régalien ;* mais parce que dans les Capitulaires de Charlemagne & de ses enfants on ne trouve point le mot *régale* , & qu'ils sont, au contraire , remplis de défenses faites à ceux qui touchent aux biens du Clergé , les aggresseurs de cette seconde opinion en ont inventé une troisieme, qui fixe l'origine de la régale au douzieme fiecle. C'est , disent-ils, le temps où a commencé la séparation des menses en-

tre les Evêques & les Chanoines; „ alors
„ on a pu dire que les revenus pendant
„ la vacance du Siege ne font ni à
„ l'Evêque défunt, qui n'a befoin que
„ de prieres, ni au futur fuccelleur qui
„ ne les a pas gagnés, ni au Chapitre
„ qui a fait bande à part; mais au Roi,
„ comme Seigneur dominant des fiefs
„ attachés à l'Evêché, comme protec-
„ teur de fes *aleux*, fondateur & pa-
„ tron des bénéfices du premier ordre,
„ fuccelleur des Ducs d'Aquitaine, de
„ Normandie, de Bretagne, &c. en-
„ fin, comme ayant augmenté les fon-
„ dations par les conceffions de fran-
„ chife, de juftice, de foires, de mar-
„ chés, & par d'autres prérogatives
„ accordées au Clergé „.

Grégoire de Touloufe a cherché l'o-
rigine de la régale dans les inveftitures; il prétend qu'elles ont été accordées à Charlemagne par le Pape
Adrien I *; mais d'autres Jurifconfultes
foutiennent, que bien-loin d'en être le

* Lib. 15, c.
38, n. 9.

titre , elles la fuppofent déja établie. ,, La
,, régale, dit M. Bignon , ne provient
,, pas d'une grace ni d'un privilege de
,, conceffion , mais d'un droit ancien
,, que le Roi a fur les Eglifes de fon
,, Royaume, comme en étant Patron,
,, Seigneur & Protecteur. Je me fuis
,, éclairci à plein fond de ce droit &
,, de fa fource ; je les ai trouvés tels ,
,, après avoir diligemment feuilleté les
,, regiftres du Parlement : j'y renvoye
,, ceux qui voudront en douter (*a*) ,,.
Il affure enfuite que les preuves de la
régale, qui remontent jufqu'à 900 ans,
font certaines ; que néanmoins elles font
encore bien éloignées de fa fource.

Audoul , Avocat au Confeil , fait remonter la régale jufqu'au canon 7e. du
premier Concile d'Orléans , tenu en

511.

––––––––––––––––––––––––

(*a*) Voyez le plaidoyer de M. Bignon dans la
caufe de la régale d'Amiens, fur laquelle eft inter-
venu l'arrêt du 4e. Février 1638.

511. Ce Concile fut convoqué par Clovis, qui ordonna aux Evêques de son Royaume de s'y trouver. On ne peut produire un témoignage plus illustre de l'autorité du Roi fur les Ecléfiaftiques fes fujets, que celui de la lettre fynodale de ce Concile. Les Peres y déclarent qu'ils n'ont traité que des matieres dont les articles leur avoient été *propofés par le Roi ; ils foumettent les canons au jugement du Roi, & lui en demandent la confirmation* (a).

Parmi les articles que le Roi avoit euvoyés aux Evêques, le feptieme eft un des plus remarquables. Clovis leur avoit demandé quel ufage ils prétendoient faire des biens qu'il avoit donnés au Clergé? Les Evêques répondi-

------

(a) Quoad praxim Ecclefiæ Gallicanæ illuftrius exemplum proferri non poteft, quàm Concilium Aurelianenfe primum quod cœterorum forma & exemplum effe debet, tractant enim patres de titulis à Rege propofitis, ejus judicio fubmittunt Canones fynodi & confirmationem petunt. *   * De Marca, l. 6 de concord. facerd. & imper. c. 22.

rent : „ A l'égard des obligations & des
„ terres que notre Roi & Seigneur a
„ eu la bonté de donner par pure li-
„ béralité à l'Eglise, & qu'il donnera
„ encore par l'inspiration du Ciel à cel-
„ les qui n'en ont point, après leur avoir
„ accordé l'immunité, nous décidons
„ qu'il est très-juste d'employer à la
„ réparation des Eglises, à la nourri-
„ ture des Evêques & des pauvres,
„ & au rachat des captifs, les fruits &
„ les revenus qui proviendront de ces
„ biens „.

Ici les Evêques reconnoissent qu'ils
ne sont que les usufruitiers des donations faites par Clovis, & qu'ils n'en
ont que le domaine utile ; ainsi l'usufruit finissant avec la vie de l'Evêque,
retourne au Roi qui en a le domaine
foncier, & qui doit en recevoir les revenus jusqu'à la confirmation qu'il en
fera à l'Evêque successeur. Comme l'o-
pinion de M. Audoul sur l'origine de
la régale, a pris faveur parmi les Juris-

confultes modernes, il eft à propos de rapporter fes termes pour expofer fon fentiment avec plus de fidélité.

„ La régale, dit ce favant Avocat *, „ procede du ferment des Evêques & „ de l'inveftiture que le Roi leur a „ donnée : cette inveftiture met les „ Evêques en la pleine délivrance des „ fruits & des revenus de leurs Eglifes „ (pour nous fervir des propres termes „ du mémorial de la Chambre des „ Comptes de Paris...) Le Roi en fai- „ fant ceffer dans fa perfonne la jouif- „ fance de ces fruits & revenus de „ l'Evêché vacant, la remet à l'Evê- „ que qui vient d'être invefti ; ce qui „ induit un retour mutuel, & fait un „ circuit perpétuel de ces jouiffances „ qui ont paffé la premiere fois de la „ main de Clovis, premier Roi Chré- „ tien des François, en celle du Pré- „ lat, & qui reviennent enfuite au „ Roi, lorfque ce Prélat cede ou dé- „ cede. Voici ce qu'a dit en 511 le

* Traité de l'origine de la régale, p. 73,74.

,, Roi Clovis aux Evêques du Concile
,, national d'Orléans : *De tous les biens
& domaines que je vous ai donnés, réu-
nis ou amortis, & que je donnerai dans
la suite aux Eglises, j'entends que tous
les fruits qui en proviendront soient employés par les Evêques aux réparations
des Eglises, à l'entretien des Prélats &
à la réfection des pauvres, &c.* Voilà la
loi que le Prince a prescrite en fondant
des Eglises : voici la maniere dont l'E-
glise vacante a usé depuis envers le
Roi, & les termes dont elle s'est ser-
vie plus de 750 ans après Clovis, dans
le Concile de Lyon de 1274, pour expliquer son sentiment : *Ceux qui par la
fondation des Eglises ou par une ancienne
coutume s'arrogent les régales ou le droit
de garde des Eglises, qu'ils fassent con-
tenir leurs Officiers de telle sorte, qu'ils
ne prennent aucune chose de tout ce qui
ne consiste pas en fruits ou revenus pro-
venus du temps de la vacance des Eglises, & qu'ils conservent les fonds & biens*

immeubles des mémes Eglifes, &c. *.   * Conc-
M. Audoul ajoute enfuite : „ Le Roi   Lugd. c. 12 .
„ Clovis fait entendre aux Evêques du   §. 3.
„ Concile d'Orléans, en 511, qu'ils
„ n'avoient que l'ufufruit qu'on leur
„ avoit donné ; mais le Clergé demanda
„ au Roi, que lors de la jouiffance des
„ régales, il fît abftenir fes Officiers de
„ toute forte d'abus, & qu'il les aver-
„ tît de ne prendre que les fruits & re-
„ venus de ces biens des Eglifes pen-
„ dant qu'elles feroient vacantes „.

Comme le Concile de Lyon fuppofe
la régale établie depuis un temps im-
mémorial, & qu'on ne voit ni Prince
François ni affemblée à qui on puiffe
en attribuer avec certitude l'établiffement, M. Andoul tire cette conféquence, „ que la régale exprimée dans le
„ Concile de Lyon, vient de la con-
„ ceffion que le premier de nos Rois
„ Chrétiens a faite aux Eglifes en l'an
„ 511..... Le Roi a donné aux Eglifes
„ l'ufufruit des biens dont il les a fon-

„ dées, & l'Eglise a consenti & ap-
„ prouvé que le Roi à son tour jouisse
„ de ces mêmes fruits pendant que
„ les Eglises Cathédrales sont vacan-
„ tes „ (a).

§. III.

De la Régale sous la seconde Race.

PInson déclare que l'établissement de la régale étant certain, il n'est plus nécessaire d'en rechercher exactement l'origine, & d'examiner si les Rois de la premiere & de la seconde race ont exercé ce droit. Cette opinion qui abrege les

______

(a) L'Abbé Velly, t. I, p. 61, *ne craint point d'avancer, que, dans le Concile d'Orléans, on ne découvre rien qui regarde cette glorieuse préroga-tive de la Couronne.* Pasquier a fait la remarque avant lui ; mais M. Audoul & M. le Président Hainault , après avoir lu les actes de ce Concile , ont cru y appercevoir *les vrais principes de droit de ré-gale & de son antiquité.*

anciennes difficultés , ne suffit pas pour montrer que la régale a toujours été regardée comme un droit attaché à la souveraineté , connoissance qu'on ne peut acquérir sans avoir recours à l'histoire.

Charles-Martel distribua une grande partie des biens ecclésiastiques à ses Officiers de guerre ; par ce moyen, il se fit de nouveaux vassaux , & affermit sa puissance en affoiblissant celle du Clergé.

Pepin, Charlemagne, & Louis-le-Débonnaire rétablirent l'Eglise dans une partie de ses revenus ; & pour la dédommager des autres qu'ils ne purent lui faire rendre, ils fonderent des Evêchés , des Chapitres & des Abbayes; ils leur donnerent des fiefs , & leur attacherent des *alleux*, qui demeurerent alleux, ou qui furent repris en fiefs.

Alors , selon la remarque judicieuse de Montesquieu , *les fiefs ayant été changés en biens d'Eglise, & les biens d'E-*

glise en fiefs, les fiefs & les biens d'E-
glise prirent réciproquement quelque chose
de la nature de l'un & de l'autre ; ainsi
les biens d'Eglise eurent les privileges des
fiefs ; & les fiefs eurent les privileges des
biens d'Eglise ; tels furent les droits ho-
norifiques dans les Eglises qu'on vit naître dans ces temps-là *.

* Esprit des Loix, l. 31, ch. 15.

Or, selon les loix féodales, les pos-
sesseurs des fiefs ont de tout temps été
vassaux des Seigneurs dont leurs fiefs
relevoient. Après la mort d'un vassal
dont le fief étoit mouvant de la Couronne,
le Prince jouissoit des revenus jusqu'à ce
que le successeur en eût été investi par
la foi & l'hommage. Cette loi fut étendue aux Ecclésiastiques, qui avoient des
bénéfices fondés sur des fiefs. La régale
commençoit dès que le fief étoit vacant,
& elle ne finissoit qu'après que le nouvel
Evêque avoit prêté le serment de fidélité au Roi.

Quoique cette jurisprudence ne pa-
roisse pas avoir été clairement observée

fous les premiers Rois de la feconde race, néanmoins les Auteurs qui font au
moins remonter l'origine de la régale
jufqu'au neuvieme fiecle , foutiennent
qu'elle étoit bien établie fous Charle-le-
Chauve , & que ce Prince la fit valoir
après qu'Ebbon , Evêque de Reims , eût
été dépofé. En effet, pendant la vacance
de cette Eglife , laquelle dura plufieurs
années , Charles-le-Chauve en fit faifir
les revenus & valoir les fonds ; mais
comme il avoit abufé de fon droit en
le pouffant trop loin , il promit dans le
Synode tenu à Beauvais en 845 , de
reftituer à l'Eglife de Reims les alleux
qu'il avoit confifqués.

. Ce Prince ayant demandé à fon Confeil quelle conduite on tiendroit , fi ,
pendant fon abfence, quelques *honneurs*
venoient à vaquer ? Ses *fideles* lui répondirent : ,, Que pour un Evêché vacant ,
,, le Métropolitain députeroit un Vifiteur
,, felon les canons , lequel avec le Com-
,, te garderoit l'Eglife , afin qu'elle ne

,, fût pas pillée ; que cette garde dure-
,, roit jufqu'à ce que le Roi eût appris
,, la mort de l'Evêque ; que s'il s'agif-
,, foit de la vacance d'une Abbaye ,
,, l'Evêque Diocéfain & le Comte gar-
,, deroient le Monaftere, en attendant
,, que le Roi leur eût fait favoir fa vo-
,, lonté ,,. L'Evêque veilloit fur le fpirituel , & le Comte fur le temporel *.

Lothaire, dans un de fes capitulaires *, permet à une perfonne libre qui fait une donation à l'Eglife , d'en retenir l'ufufruit, & de s'y réferver un droit d'adminiftration. Ce droit d'économe confiftoit à prendre fur les fruits de la terre donnée , de quoi fubvenir aux charges de la donation , & de difpofer du refte. Les fondateurs, pour affurer leurs donations, les mettoient fous la protection du Roi ; par ce moyen, les Princes devinrent infenfiblement Patrons des Abbayes dont ils n'étoient point fondateurs. Les bénéficiers jouirent fous la protection du Souverain , des honneurs civils & des

* Capitul.
Car. Calv.
tit. 53 , c. 8.
* Loth. capit.
tit. 3 , c. 17.

immunités du Clergé accordées aux Abbayes de fondation Royale, & celles-ci vaquerent en régale.

„ Notre Abbé, dit le Moine de Saint-
„ Gal, ayant repréſenté que les biens
„ de ſon Monaſtere n'étoient compo-
„ ſés que de petites donations (a) faites
„ par des particuliers, ſans aucune fon-
„ dation Royale, & que par cette rai-
„ ſon il ne jouiſſoit d'aucun des privi-
„ leges dont les autres Monaſteres étoient
„ en poſſeſſion ; & qu'il n'étoit point
„ ſous les loix communes de tous les
„ peuples, ce qui étoit cauſe que per-
„ ſonne n'en vouloit prendre *l'Avoue-*
„ *rie*, le Prince déclara devant les Sei-
„ gneurs, qu'il s'en chargeoit * „
Le Roi accorda à l'Abbaye de Saint-

* Monach. San-Gall. l. 2, c. 5.

(a) La lecture de cette requête inſinue aſſez vrai-ſemblablement, que les petites donations étoient des *alleux*, puiſqu'elles n'avoient aucun des privileges féodaux dont jouiſſoient les autres Monaſteres qui poſſédoient des fiefs.

Gall les honneurs féodaux , à condition qu'elle feroit chargée du fervice *de Cour & des Plaids* , & de défendre le Royaume comme les autres bénéfices fondés fur des fiefs *. (*a*).

* Capitul. Car. Calv. at. 11, c. 2.

Les Comtes , chargés de veiller fur les revenus d'une Eglife vacante , demanderent enfuite au Roi qu'il les en gratifiât. Charles-le-Chauve céda à leur importunité (*b*).

Ces gardiens puiffants dans leurs Provinces , briguerent les fuffrages pour faire élire Evêques leurs freres , leurs enfants, ou leurs amis , & traiterent avec l'élu

---

(*a*) Voyez l'Hift. de l'Abbaye de St. Germain-des-Prés dans les preuves , part. 2 , p. XXI , & l'ufage gl, des fiefs , par Bruffel , p. 128 , note , édit. 1750.

(*b*) Voyez le Synode affemblé dans le Palais Vernes en 845 , art. 12; celui de Beauvais de la même année , art. 3 , 4 , 6; le Synode de Thionville tenu auffi en 845 , art. 3 & 4; le capitulaire fait à Epernay en 846 , art. 20; enfin, la lettre écrite à Louis-le-Germanique , art, 8 , par les Evêques affemblés à Reims en 858.

de l'adminiſtration du bénéfice ; ſi l'E-
vêque entreprenoit d'adminiſtrer ſes revenus, ou de les donner à d'autres économes, il éprouvoit des oppoſitions de
la part des Comtes, qui prenoient les armes pour ſe maintenir dans leur uſurpation.

***

§. IV.

De la Régale au commencement de la troiſieme Race.

CEs déſordres ou d'autres plus funeſ-
tes au Clergé, continuerent ſous les premiers regnes de la troiſieme Race. Les
prétendus adminiſtrateurs donnerent en
fiefs ou à titre de bénéfices les biens des
Evêchés ; ils en firent des baux à temps
& à vie, & négocierent des échanges
de ces biens avec d'autres de moindre
valeur. Les Prélats & les Chapitres entreprirent de ſe délivrer de ces vexations;
ils repréſenterent aux Rois les infidélités

de fes économes dans l'adminiftration de la régale. Louis-le-Gros & Louis VII fon fils eurent égard aux remontrances des Prélats d'Aquitaine en 1137. Ils remirent aux Abbés & aux Evêques de cette Province le droit de régale (*a*). En 1206, Philippe-Augufte eéda pour toujours au Chapitre d'Auxerre la régale de cet Evêché. En 1209, il accorda à Ponce, Evêque de Mâçon, & à fes fuccefeurs, les régales de leur Siege, fe réfervant néanmoins le droit de *gîte* & le fervice de l'*oft* : il ajoute que pendant la vacance du Siege, le Chapitre percevroit les *régales* pour les remettre à l'Evêque qui feroit élu.

M. Bruffel remarque que la remife

____

(*a*) Ces Princes remirent au Clergé d'Aquitaine le droit de régale qu'ils ne percevoient que fur les fiefs ; comme la plupart des biens de cette Province & de fon Clergé ne s'adminiftroient que par le droit écrit, les autres poffeffions étoient de leur nature franches, & libres des fervitudes que les fiefs avoient introduites.

des *régales* faite par Philippe-Augufte, ne fut pas gratuite ; il cite pour exemple la régale d'Arras, à la quelle ce Prince renonça en 1203. Il dit que le Roi, pour le prix de cette remife, reçut mille livres de l'Evêque & du Chapitre *.

Dans les actes faits pour autorifer ces ceffions, le Roi employe le mot de *réga-le ;* cette expreffion avoit alors environ cent ans d'antiquité. Le Concile de La-tran, en 1122, s'en étoit fervi dans l'accord qui fut fait entre le Pape Califte II & l'Empereur Henri V. On convint que ce Prince & fes fucceffeurs ne donneroient plus l'inveftiture des bénéfices par la croffe & l'anneau, mais par le fceptre ; ce droit fut appellé *régale*, dans les actes qui terminerent ce différend : comme on ne trouve pas le nom de *régale* avant le Concile de Latran en 1122, fa nouveauté fait rapporter l'origine de la régale à cette affemblée ; mais il faut diftinguer entre un mot inventé & la chofe qu'il défigne *. Les chofes font antérieu-

* Ufage gl. des fiefs, p. 543, édit. 1750.

* Traité de l'orig. de la rég. p. 120.

res à leurs noms ; on n'a mis ceux-ci en ufage , que pour faire connoître des chofes qui fubfiftoient avant eux.

La régale exiftoit donc déja en nature, lorfqu'on lui a donné ce nom. Louis-le-Jeune s'en eft enfuite fervi en 1161 au fujet de l'Evêché de Paris : *Epifcopatus* , dit ce Prince , *& regale in manum noftram venit* ; elle eft devenue enfuite une expreffion ordinaire.

Philippe-Augufte l'a employée dans fon teftament en 1190 , avant que d'entreprendre le voyage d'outre Mer. Il y déclare qu'il veut & entend ,, que la ,, Reine fon époufe & l'Archevêque de ,, Reims fon oncle, tiennent les *régales* ,, en leurs mains , jufqu'à ce que l'E- ,, vêque élu ait été confacré , & qu'a- ,, près la confécration , les *régales* foient ,, rendues au Prélat fans trouble ni con- ,, tradiction. Il ajoute que fi une pré- ,, bende ou un autre bénéfice vient à ,, vaquer pendant l'ouverture des *réga-* ,, *les* , la Reine & l'Archevêque de Reims

,, Reims les donneront à des sujets hon-
,, nêtes & lettrés, de l'avis de son Con-
,, seil & du frere Bernard, &c. *. (*a*).

Au treizieme siecle, la régale étoit
établie dans l'Angleterre & l'Irlande.
Innocent III écrivant à son Légat dans
ces deux Royaumes, en parle comme
d'un droit reçu & autorisé par la coutume.; mais pour empêcher que les
Princes ne puissent jouir long-temps du
revenu des Eglises, il abrege le temps
de la vacance du Siege, en ordonnant
que les Métropolitains éloignés de Rome auront l'administration de leurs Eglises avant que d'en avoir obtenu leur
confirmation.

* Libert. de l'Egl. c. 16, n. 3. recueil des ordonn. t. I, p. 20, &c:

Les Papes ne souffroient qu'avec peine
la régale. M. de Marca en cite * plusieurs qui prétendoient que les revenus
desEglises vacantes n'appartenoient point

* L. 8 de concord. c. 18.

(*a*) Ce Frere. Bernard étoit un Moine de Grand-
Mont en grand crédit. Sarisberi & Etienne de Tournay en parlent souvent.

aux Souverains, & que le Concile de Chalcedoine avoit ordonné que les biens épifcopaux pendant la vacance du Siege, feroient réfervés au fucceffeur; ce qui fut confirmé par un capitulaire de Charles-le-Chauve.

Raymond, Comte de Barcelonne, pour entrer dans l'efprit des Papes, fe déclara le confervateur des revenus des Eglifes vacantes qui étoient dans fes domaines. Philippe I, Roi de France, & fes fucceffeurs, avoient pris des mefures, afin d'arrêter les malverfations que leurs Officiers commettoient dans l'adminiftration de ces biens *. Malgré ces précautions, il y eut toujours des abus : les hauts Seigneurs qui n'avoient point le droit de régale, faififfoient les meubles des Evêques morts, ou qui fe démettoient de leurs Evêchés ; ils s'emparoient des troupeaux & des grains ; ils enlevoient même le fer, les vîtres & les lambris de la maifon épifcopale *. Henri, furnommé Etienne, Comte de Chartres

* T. I du rec. des ordonn. des Rois, &c. p. 2.

& de Blois (*a*), & d'autres Seigneurs, renoncerent à ces ufurpations.

Mais la plupart continuerent de les exercer ; ils les regardoient comme un droit attaché à leurs Seigneuries (*b*). En 1147 , le Roi Louis-le-Jeune fe défifta en partie de ce genre de prétentions en faveur de Barthelemi , Evêque de Châlons *. Il promit de ne plus s'approprier les meubles des Evêques décédés ; mais il excepta le vin, les grains , l'or & l'argent, *qu'il retint en fa main & en fa puiffance Royale, fuivant l'ancienne coutume ; néanmoins,* ajoute ce Prince, *fi l'Evêque a difpofé par teftament de fes grains , de fon vin, de fon or & de fon argent , le Roi ne pourra contefter cette difpofition.* *,

* Bruffel, ufage gl. des fiefs , p. 316, 317.

* Ibid. p. 303.

On eut égard aux dernieres volontés des Evêques. Philippe-Augufte , par fes

---

(*a*) Ce Comte mourut à la Terre-fainte en 1101.

(b) *Vide Gratianum caufâ* 12, *qu.* 2, *& Malmesburienfem de reb. Angliæ , l.* 4.

lettres-patentes du mois de Décembre 1222 , défendit aux Juges & aux Baillis de Champagne & de Brie, de mettre la main fur les effets dont Amaury, Evêque de Meaux, avoit difpofé dans fon teftament. (*a*).

Mais les Rois qui renoncerent au mobiliaire des Prélats, conferverent toujours la *régale*. Rome néanmoins découvroit des abus dans l'étendue que les Princes lui donnoient , ou dans les excès des Officiers qui la faifoient valoir. Grégoire IX, en 1238 , écrivant à l'Archevêque de Narbonne & aux Evêques de Maguelone & d'Elne , fe plaint des Sénéchaux & des Baillis qui levoient les régales. Il les accufe de percevoir , *contre tout droit & raifon* , les revenus des Evêchés pendant la vacance des Sieges ; puis il ajoute que les prédéceffeurs du Roi n'ont rien fait de femblable.

(*a*) Ces lettres-patentes font dans le Cartulaire de Champagne , gardé & confervé à la Chambre des Comptes de Paris, fol. 13.

Saint-Louis retira des Baillis & des Sénéchaux dans plusieurs Provinces la recette des *régales* ; il en chargea des receveurs particuliers qui lui en rendirent un compte exact. Ce Prince, par ses lettres-patentes de Juin 1248, déclara „ que la Reine Blanche sa mere auroit pendant son voyage d'outre-Mer, „ la pleine autorité de conférer les di- „ gnités & les bénéfices ecclésiastiques, „ de recevoir le serment de fidélité des „ Evêques, & de leur rendre les *réga-* „ *les* de la maniere que le dit Seigneur „ Roi le pourroit faire lui-même „.

Après la mort de la Reine Blanche, Alphonse, Comte de Poitiers, frere de St. Louis, fut déclaré Régent. L'Archevêque de Sens lui demanda main-levée de la régale. Alphonse fit entendre au Prélat qu'il devoit la demander comme une grace, sans y prétendre de *droit* ; celui-ci s'étant conformé à l'intention du Régent, obtint la main-levée qu'il souhaitoit.

Saint-Louis, prêt à partir pour une seconde croisade, donna pouvoir à Etienne, Evêque de Paris, de conférer les
bénéfices en *régale*. Ses lettres-patentes
sont du mois de Mars 1269.

St. Louis ne percevoit la *régale* que
des Evêchés où elle étoit établie par
une ancienne coutume. En 1258, le
Parlement n'attribua au Roi qu'une por-
tion de celle de l'Evêché du Puy. Après
avoir pesé toutes les raisons de part &
d'autres, il fut persuadé par les enquêtes
qu'il avoit données, que les prédéceffeurs de Saint-Louis n'avoient perçu
qu'une partie des fruits de la régale pendant la vacance de ce Siege. Comme
il étoit prouvé que le Roi n'avoit pas
joui précédemment des fortereffes de la
ville & de plufieurs châteaux, le Parlement déclara, en 1259, que la régale
ne les regardoit pas ; mais par un autre
arrêt, il réferva au Roi le pouvoir de
prendre en fes mains les fortereffes &
châteaux par droit de fupériorité, lorf-

que le bien de son service l'exigeroit. *.

On suivit alors l'usage des Eglises dans la perception des régales : „ Nous „ ordonnons, dit le Concile de Lyon „ en 1274, que tous & chacuns, de „ quelque dignité qu'ils soient décorés, „ qui s'efforcent de nouveau d'usurper „ les régales, croyant avoir droit de „ s'emparer des biens desdites Eglises, „ &c. lorsqu'elles vaquent ; comme „ aussi les Clercs des Eglises, les Moi- „ nes des Monasteres & les autres per- „ sonnes préposées auxdits lieux, qui „ donnent la main à de telles entrepri- „ ses, soient de plein droit excommu- „ niés.

„ A l'égard des Clercs, lesquels ne „ s'opposent pas, comme ils devroient, „ à ceux qui commettent de tels désor- „ dres, nous leur défendons très - ex- „ pressément de percevoir aucune chose „ des revenus des Eglises ou lieux sus- „ dits pendant le temps qu'ils permet- „ tront que de tels désordres arrivent,

„ sans faire leurs efforts pour les em-
„ pêcher.

„ Mais pour ceux auxquels ces sor-
„ tes de droits de régale & autres ap-
„ partiennent par la fondation des Egli-
„ ses , ou par une ancienne coutume ,
„ qu'ils s'abstiennent prudemment , &
„ fassent soigneusement abstenir leurs
„ Officiers dans ces mêmes droits , de
„ maniere qu'ils ne s'emparent point
„ des choses qui ne dépendent point
„ des fruits ou revenus provenants de ces
„ Eglises & d'autres lieux pieux pen-
„ dant leur vacance , & qu'ils ne lais-
„ sent pas dépérir les autres biens ,
„ dont ils se disent avoir la garde ,
„ mais qu'ils les conservent en bon
„ état „.

On remarque dans ce canon trois
choses qui concernent la régale ; 1°.
dans le treizieme siecle, on supposoit la
régale établie depuis long-temps ; 2°.
on toléroit dans les Seigneurs régalistes
la faculté de jouir des fruits & des re-

venus des Eglises vacantes ; 3e. on croyoit que la régale procédoit ou de la fondation des Eglises, ou d'une ancienne coutume.

Mais le Concile, en fuppofant l'antiquité de la régale, défend en même-temps les abus & les déprédations que l'on commettoit dans l'adminiftration des biens eccléfiaftiques : il menace d'excommunication ceux qui oferont s'en emparer fous prétexte de protection & de garde ; il étend fa cenfure aux Comtes, aux Seigneurs particuliers, aux Avoués, aux Défenfeurs, aux Economes, qui abufent de leur miniftere pendant l'ouverture de la régale.

Après cette défenfe, le Concile ordonne que ceux qui font en poffeffion de la régale y feront maintenus. „ On „ ne peut, dit M. Audoul, avoir une „ preuve plus formelle de l'approbation „ de la régale, que celle qui réfulte de „ la derniere partie de ce canon. Le „ Concile veut que ceux qui à caufe

„ d'une fondation ou d'une ancienne
„ coutume, font en poffeffion des droits
„ de régale, de garde & de protection
„ des Eglifes, y foient maintenus. Il
„ leur défend de laiffer dépérir les au-
„ tres biens, dont ils prétendent avoir
„ le droit de garde; mais il veut qu'ils
„ les confervent en bon état „ *.

M. de Marca qui rapporte le décret
du Concile de Lyon, prétend que le
terme de *regalia* y eft pris, pour la
garde des fruits & revenus pendant la
vacance du Siege; il ajoute enfuite que
fous le nom de *fruits*, font comprifes les
collations des bénéfices, à caufe de la
conftitution d'Alexandre III. *. Ce Pape
qui vivoit cent ans avant le fecond Concile de Lyon, avoit déclaré que les collations des bénéfices devoient être comp-
tées parmi les fruits : *collationes funt in
fructibus*. Auffi les Rois de France ne
pourvoyent pas fimplement aux bénéfices à la maniere des Patrons, mais ils
conferent de plein droit en vertu de la

* Traité de
l'orig. de la
rég. p. 172,
édit. 1708.

* De Marca,
l. 8, de con-
cord. fac. &
imp. c. 24.

régale. Les Jurisconsultes & plusieurs
Canonistes se sont embarrassés à expliquer cette maniere de conférer les bénéfices. Leur collation étant spirituelle, ils
ne voyent pas comment elle peut appartenir de droit à un Prince laïc, dont
l'autorité n'est que temporelle. Quelques
Auteurs, pour résoudre cette difficulté,
ont recours à un privilege accordé par
les Papes aux Rois de France; mais comme on ne peut indiquer ni son année,
ni le Pape qui l'a donné, & que d'ailleurs le Roi ne prétend point tenir du
St. Siege le droit de conférer les bénéfices en régale, cela augmente l'embarras.

Pour s'en délivrer, on observera, selon
les regles du droit ancien, que la collation des bénéfices étoit entiérement spirituelle, parce qu'il n'y avoit pas alors
d'autre collation que l'ordination que l'E-
vêque seul peut conférer; mais depuis
qu'on a séparé la collation de l'ordination, on ne voit plus dans celle-là

cette fpiritualité que l'on remarque dans celle-ci.

Il n'eſt pas vrai, dit M. Audoul, que la collation (d'un bénéfice en régale) ſoit un droit purement ſpirituel; c'eſt un droit qui étant annexé & ſubſiſtant ſur un ſujet temporel, paſſe en la perſonne de celui qui devient le propriétaire de la choſe temporelle, pourvu que le total ſoit transféré ſans aucun démembrement *.

* Orig. de la rég. P. 217.

§. V.

De la Régale ſous Philippe-Bel.

LE Pape Boniface VIII a fait les efforts les plus éclatants pour abolir la régale *. Par ſa bulle, *auſculta, fili*, du 11e. Décembre 1301, il fit ſavoir au Roi Philippe-le-Bel, que la collation des bénéfices en régale ne pouvoit lui appartenir; qu'il devoit en réſerver les fruits aux Prélats ſucceſſeurs; que les pro-

* Coffre de Boniface au tréſor des Chartes, n. 194.

vifions des bénéfices données par ce Prince , étoient nulles, & que les gardiens de la régale étoient des *voleurs* qui ruinoient les Eglifes.

Le Roi répondit : ,, Que fon inten-
,, tion n'avoit pas été & ne feroit ja-
,, mais d'innover dans la perception
,, des régales , ni de faire aucun pré-
,, judice aux Eglifes ; qu'en ufant de
,, fon droit , il fuivroit St. Louis &
,, fes prédéceffeurs ; qu'il en retranche-
,, roit les excès & les abus ; qu'il avoit
,, un regret extrême de ceux qu'on
,, avoit commis dans l'ufage des réga-
,, les ; qu'il alloit faire une ordonnance
,, pour les réformer, & prévenir les au-
,, tres qu'on pourroit commettre ; qu'en-
,, fin il avoit choifi parmi les Ecclé-
,, fiaftiques & les laïcs, des perfonna-
,, ges fideles, pour faire obferver fes ré-
,, glements , & garder les *régales*, lorf-
,, que le cas fe préfenteroit ,,.

L'ordonnance promife par Philippe-
le-Bel fut publiée en 1302. Il y en-

joignit à ſes Officiers de conſerver les biens des Egliſes, de ne percevoir que les revenus ordinaires des Sieges vacants, & de ne point paſſer les bornes que ſes ancêtres avoient preſcrites*.

En 1303, le Pape envoya en France le Cardinal Jean de St. Marcellin, avec des inſtructions ſur tous les articles qu'il devoit propoſer. Il renouvella les plaintes qui concernoient les abus commis par les gardes des Egliſes vacantes. Quoiqu'il paroiſſe par la réponſe du Roi, qu'il ne s'agiſſoit que de les réformer, cependant on fut toujours perſuadé à Rome que le droit de lever des régales ſur les Evêchés vacants, étoit ou un abus ancien, ou un privilege accordé par le St. Siege, & qu'il pouvoit révoquer. Boniface continuoit de ſoutenir, qu'on devoit en France regarder les Eccléſiaſtiques comme des étrangers; que c'étoit une eſpece de folie, de prétendre que le Roi eût le pouvoir de leur défendre l'entrée ou la ſortie de ſes

Etats, d'exiger du Clergé des subsides qu'on ne doit impofer qu'à des laïcs, & de s'attribuer les revenus des Evêchés vacants, pour en difpofer à fa volonté *.

Boniface eut peut-être obfcurci la fouveraineté du Roi fur les gens d'Eglife, & fa domination fur les fiefs du Clergé, s'il eût pu faire abolir la régale; mais ce droit étant imprefcriptible, Rome ne pouvoit l'ôter aux Souverains; ils en connoiffoient trop l'importance, pour le négliger.

L'Archevêque & le Chapitre de Lyon jouiffoient de la régale de l'Evêché d'Autun. Philippe-le-Long, en 1320, leur retira ce droit : il leur donna en échange la jurifdiction haute, moyenne & baffe, avec le *mixte empire* fur la Ville & la Cité de Lyon. L'Archevêque & le Doyen, au nom du Chapitre, devoient lui en faire le ferment de *féauté* & l'hommage-lige.

Il femble que dans le quatorzieme fie-

* Hift. diff. inter. Bonif. VIII & Phil. fol. 3.

cle, le Roi ne percevoit les *régales* que des Evêchés auxquels il *recommandoit* : il faut même faire quelques exceptions dans ceux-ci ; car il *recommandoit* aux Evêchés de Limoges, d'Alby, de Rhodès & de Mende ; on ne pouvoit y élire sans sa permission : cependant il n'en recevoit point les *régales*, parce que ses prédécesseurs les avoient cédées aux Chapitres, ou gratuitement, ou à titre onéreux, ou parce que ces Eglises ne possédoient que des *alleux* *. On conserve à la Chambre des Comptes à Paris un état des Evêchés, dont le Roi, en 1330, avoit les régales (*a*).

II

*[Brussel, us. gl. des fiefs, t. I, l. 2, c. 17.

───────────

(*a*) Cet état est rapporté dans le registre *qui es* *in cœlis*, fol. 192 *verso*. En voici un extrait tiré de l'usage gl. des fiefs :

Dominus Rex, proùt constat per antiqua scripta Cameræ, consuevit capere regalia cum vacaverint, in Provinciis & Diocesibusquæ sequuntur, videlicet.

In totâ Provinciâ Senonensi & ejus Subfraganeis: exceptâ

Il paroit par l'extrait que j'ai mis en note, que le Roi ne recevoit pas les régales des Evêchés de Bretagne ; il percevoit une partie de celles de Cambray , & le Comte de Flandre avoit l'autre (*a*).

---

exceptâ Diocesi Antissiodorensi, in quâ Decanus & Capitulum dicuntur fecisse permutationem cum Rege.

In totâ Provinciâ Remensi , exceptâ Diocesi Cameracensi.

In totâ Provinciâ Bituricensi , exceptis Lemovicensi, Caturcensi, Ruthenensi, Albiensi, Mimatensi.

In totâ Provinciâ Turonensi , exceptis Maclowiensi, Trecorensi, Corisopitensi, Briocensi, Venetensi, Nannetensi, Redonensi & Dolensi.

In Provinciâ Burdigalensi, solùm : verum tamen de Pictaviensi computatum fuit anno M. CCC. VI : sed Rex per litteras præcepit totum restitui Episcopo tunc, conditione habitâ quia inquireretur diligenter si prædecessores Episcopi unquam fecissent homagium Regi, & si sic, quod recuperaretur super isum Episcopum quod ei fuerat restitutum.

In totâ Normanniâ , habet regale.

In Provinciâ Auxitanensi & Arelatensi, & per consequens in totâ linguâ occitanâ, nichil habet.

(*a*) Comme l'Evêché de Cambray étoit en partie de la dépendance du Roi, il en recevoit une partie

Le Duc de Bretagne qui *recommandoit* aux Prélatures de sa Province, en prenoit les *régales* : les Rois de France les recevoient pendant la minorité des Ducs.

La régale des Evêchés du Languedoc a fait plus de difficulté que celle des autres Pays du Royaume. „ Les Prélats „ ont joui de son exemption, dit M. „ l'Evêque d'Alet, sous la premiere & „ la seconde race des Rois, & lorsque „ cette Province étoit possédée par les „ Comtes de Toulouse ; les Eglises de „ Languedoc y furent maintenues & „ conservées dans le Concile général „ de Lyon. Son décret fut reçu & ob- „ servé dans le Royaume. Philippe-le- „ Hardi & les Rois ses successeurs l'au- „ toriserent par leurs ordonnances, se „ contentant d'user du droit de *régale*

---

des régales. Voyez Bruffel dans son excellent Ouvrage de l'usage général des Fiefs, t. I, p. 290, 292, édit. 1750.

„ dans les Provinces & les Eglifes où
„ elle étoit établie par la coutume, &
„ fans l'étendre à celles qui jufqu'alors
„ n'y avoient pas été fujettes. Philippe-
„ le-Bel qui foutint ce droit avec beau-
„ coup de force dans le différend qu'il
„ eut avec le Pape Boniface VIII, de-
„ meura dans les mêmes bornes : c'eft
„ lui qui a expreffément reconnu &
„ confirmé la liberté des Eglifes de cette
„ Province par fes lettres-patentes, dont
„ l'original eft dans les archives de l'E-
„ glife métropolitaine de Narbonne.

„ Depuis ce temps, l'on s'eft arrêté
„ à la coutume pour juger quelles étoient
„ les Eglifes où la régale avoit lieu ; en-
„ fin, pour prévenir les différends qui
„ arrivoient fur ce fujet, après qu'on eut
„ exactement vérifié les regiftres de la
„ Chambre des Comptes, on dreffa un
„ dénombrement en forme d'ordonnan-
„ ce, de toutes les Eglifes fujettes &
„ non-fujettes à ce droit : & entre cel-
„ les qui n'y font pas fujettes, on met

„ dans le dernier article les Eglises de
„ Languedoc. *. „ (a).

Cette exception eſt une des difficultés que l'on a propoſées contre l'univerſalité de la régale dans le Royaume : on demande pourquoi nos Rois, dans le treizieme & le quatorzieme ſiecle, ne jouiſſoient pas des droits régaliens dans le Languedoc, la Provence, &c.

On répond, 1°. que lorſque ces Provinces ont paſſé de la domination des Rois de la ſeconde race ſous celle des Comtes, leurs Egliſes ont ceſſé d'être ſujettes à la *régale*, peut-être parce qu'elle étoit perſonnelle aux Rois ; & ſi quelques Seigneurs féodaux l'ont exigée, c'eſt une prérogative, diſent nos Publiciſtes, uſurpée ſur le Roi. On doutoit dans le quatorzieme ſiecle ſi un Lieutenant ou un Régent du Royaume pou-

* M. Pavillon dans ſa lettre au Roi datée du 28 de Juin 1676.

(a) Voyez la note pénultieme : on lit dans le dernier article : *In totâ linguâ occitanâ nichil habet* ; ſuppléez, *Rex de regaliis.*

voit exercer le droit de régale. En 1356, le Roi Jean fut fait prisonnier à la bataille de Poitiers, & conduit en Angleterre. Charles son fils, Lieutenant & ensuite Régent de France, conféra les bénéfices qui vaquerent en régale. Comme on doutoit de la validité de ces collations, le Roi les confirma lorsqu'il fut retourné à Paris. (*a*).

IIᵉ. Lorsque le Languedoc est revenu à la France, les Rois n'en ont point changé les usages ; ils ont laissé au Clergé les immunités dont il jouissoit sous la domination précédente. *.

IIIᵉ. On conjecture que les Eglises du Languedoc ont joui de l'exemption

* Audoul, traité de l'orig. de la Rég. p. 229, 231.

(*a*) Cependant les lettres-patentes *d'assignat* de *dot* & *douaire* accordées sur la Bretagne à la Reine Douairiere Anne d'Autriche, mere de Louis XIV, lui donnerent le droit de pourvoir en *régale* aux bénéfices vacants : mais on répond qu'elle avoit seulement le droit de présenter au Roi ; & le Roi conféroit en régale les bénéfices aux Eccésiastiques présentés par la Reine.

de la régale quant à ſes droits acci-
dentels ; que les Rois pour des conſidé-
rations particulieres ont pu abandonner
à ces Dioceſes les revenus pendant la
vacance, & ſe réſerver le droit de les
percevoir quand il leur plairoit ; que
cette indulgence ne portoit aucun préjudice aux prétentions de leurs ſuccef-
ſeurs qui ont toujours eu le pouvoir de
s'attribuer ces revenus ; qu'ils ont pu
en priver les Egliſes, qui ne jouiſſoient
de la régale que ſur un titre gracieux,
ou par tolérance, & que cette maniere
de jouir n'a point acquis au Clergé une
propriété incommutable ſur un droit ſou-
verain.

„ Quant aux Egliſes, dit Mr. Au-
„ doul, qui poſſedent les fruits des ré-
„ gales à titre onéreux, il eſt certain
„ que la récompenſe qu'elles ont don-
„ née à nos Rois tient lieu de ces fruits :
„ on peut même conclure qu'ils jouiſ-
„ ſent de la régale dans ces Egliſes, par-
„ ce qu'ils ont la jouiſſance de certains

„ droits, fiefs & domaines qui équiva-
„ lent aux droits aliénés de la Couronne;
„ . & toutes les fois que nos Rois vou-
„ dront y rentrer, ils y feront reçus, à
„ moins que ces Eglifes ne juftifient de
„ leur titre onéreux, fuivant la dé-
„ claration du dixieme de Février
„ 1673. „ *.   * Ibid. 252.

„ Il eft certain d'ailleurs, continue
„ M. Audoul, que nos Rois ont tou-
„ jours confervé une efpece de poffef-
„ fion du droit de *régale* dans les Egli-
„ fes de Languedoc, de Guyenne, de
„ Provence & de Dauphiné, nonobf-
„ tant le privilege d'être exemptes de
„ la régale ; car lorfqu'il a été quef-
„ tion de favoir de quelle maniere on
„ en ufoit dans ces Pays fur le fait de
„ la régale avant la déclaration de
„ 1673 , les Avocats & les Procureurs-
„ généraux du Roi au Parlement de
„ Provence ont certifié, fuivant ce qui
„ réfulte des anciens regiftres de leur
„ Cour, qu'anciennement le Roi ne

,, couféroit point en régale les béné-
,, fices de Provence , pendant que
,, le Siege épiscopal étoit vacant ; mais
,, que le Parlement députoit un Com-
,, miſſaire à la requête des Gens du
,, Roi , pour ſaiſir ſous la main de Sa
,, Majeſté les fruits de l'Evêché , &
,, ſequeſtrer comme fruit le droit de
,, conférer les bénéfices. Ce Commiſ-
,, faire alors établiſſoit un Vicaire pour
,, la collation des bénéfices qui vaque-
,, roient juſqu'à ce qu'il y eût un nou-
,, vel Evêque, & l'on obſervoit la même
,, choſe à l'égard des Chapitres , qui
,, étoient en coutume de conférer les
,, prébendes pendant la vie de l'Evê-
,, que , à cauſe qu'un tel droit des Cha-
,, pitres étant réputé de droit émané
,, de l'Evêque, ne pouvoit avoir au-
,, cun lieu contre le Roi ; d'où il faut
,, couclure que le droit du Roi a tou-
,, jours été conſervé , & que les Evê-
,, ques futurs n'ont profité des fruits
,, échus pendant la vacance , que par

„ la pure libéralité, ou du moins par
„ la tolérance de nos Rois, qui ont pu
„ à tout moment rentrer dans ce droit „.

Comme les adverſaires de la régale ont inſiſté ſur les regiſtres de la Chambre des Comptes de Paris, il eſt à propos d'expoſer ce que les Régaliſtes penſent de leur autorité ; ces regiſtres exceptent de la régale les Evêchés de Languedoc, des Provinces d'Auſch & d'Arles : mais M. Pinſon prétend *qu'il ne faut pas s'arrêter aux mémoires de cette Chambre, en ce qu'ils reſtreignent la régale à certains lieux* *. Il s'appuye du témoignage de M. le Préſident le Maître, dont il rapporte cettte obſervation : *Il ne faut pas à cet égard,* dit ce Magiſtrat, *ajouter par trop de foi aux regiſtres de la Chambre des Comptes, parce qu'ils ne ſont pas en tout véritables* *.

Pinſon ſoutient que l'uſage de la régale étoit général dans toutes les Egliſes des Gaules ſous la premiere & la

* Inventaire des indults ; t. 2, p. 375, 386.

* Traité de la régale, ch. 3.

seconde race de nos Rois, qu'elle ne souffroit aucune restriction sous les regnes de Louis VI, Louis VII, Philippe-Auguste, St. Louis, Philippe III, & qu'on ne commença à parler des restrictions de la régale à certaines Eglises que sous le regne de Philippe de Valois *.

* Inventaire des indults, t. 2, p. 386.

Lorsque la Chambre des Comptes ne trouvoit aucune recette des régales de quelques Eglises, elle observoit la cause par laquelle ces droits n'avoient pas été levés; elle en faisoit un mémorial qui portoit que le Roi n'y levoit pas les fruits dont on avoit coutume de compter. Elle en use de même aujourd'hui, lorsque le Roi engage quelques terres de son domaine, ou qu'il les a données en appanage : la Chambre des Comptes met cette note sur les comptes des Receveurs du Domaine de Sa Majesté, *que dans un Comté, Duché ou Seigneurie, le Roi ne perd rien, parce qu'il a remis ou engagé ses droits :* mais la Chambre n'entend parler que des fruits qui peuvent être levés par un engagiste, ou par un donataire ; fans que le Roi ceffe d'être le Seigneur dominant de ces mêmes domaines, puifqu'il en reprend la jouiffance, lorfqu'il eft rentré dans le fief engagé.

§. V.

De la Régale fous Philippe de Valois & fes fucceffeurs jufqu'au regne de Henri IV.

LEs anti-Régaliftes profiterent de l'u-fage de la régale reftreinte à certaines Eglifes, pour la faire abolir entiérement; d'abord ils jetterent des doutes fur le droit qu'a le Souverain de percevoir les revenus des Eglifes qui tombent en ré-gale, & fur celui de conférer les béné-fices non Cures dépendants des Evê-chés vacants. Le Clergé, après avoir fait entendre que fes biens étoient confacrés à Dieu, confidéroit enfuite leur poffeſſion comme étant fondée ſur le droit Romain. Les Prélats du Languedoc, de Guyenne, du Dauphiné, de Provence, &c. où le droit écrit eſt obſervé, firent valoir cette preuve pour ſoutenir la liberté de leurs biens en fonds. Ils dirent que ces biens n'étoient point *féodaux*, mais des *alleux*, & que la régale étant un droit féodal fondé ſur celui de ſuzeraineté, elle n'étoit point due au Roi pour des biens allodiaux; qu'il étoit à la vérité leur Souverain & leur Protecteur, mais que ces deux qualités n'étoient pas celles qui devoient ſervir de motifs pour exiger la régale.

Ces doutes ſurprennent d'autant plus, qu'en 1332, Philippe de Valois avoit donné une déclaration pour déterminer la durée de la régale : ce Prince y aſſure qu'il pourra diſpoſer des bénéfices vacants, tant que le Prélat n'aura pas rendu ſon hommage, ou fait le ſerment de fidélité. ,, Du temps de Philippe-Auguſte,

„ dit M. de Lauriere, * la régale finif-
„ foit quand le bénéficier élu avoit été
„ facré ou béni.... Mais par cette or-
„ donnance plus conforme aux princi-
„ pes du droit des fiefs, le Roi veut
„ que la régale ne foit claufe que par
„ le ferment de fidélité ou l'hommage „.-
Philippe, qui craignoit que le temps
n'affermît les doutes qu'on avoit formés
fur fon droit de régale, les diffipa par
fes lettres-patentes données à Vincennes
en 1334. Le Prince y déclare, „ qu'il
„ eft duement & fuffifamment informé
„ que fes prédéceffeurs Rois de France
„ pour caufe de la régale & de la no-
„ bleffe de la Couronne de France, ont
„ été en poffeffion & faifine de donner
„ les prébendes, dignités & bénéfices
„ quand ils ont été trouvés vacants en
„ temps de régale dans les Eglifes de
„ fon Royaume. Veut & ordonne que
„ nul ne puiffe fe dire pourvu de tels
„ bénéfices, fi ce n'eft en vertu de pro-
„ vifion & collation Royale ; enfin, il

* T. 2 du
rec. des or-
donn. p. 83.

,, déclare que ce qu'il a ordonné eſt de
,, ſa certaine ſcience , comme pleine-
,, ment informé des droits de ſa Cou-
,, ronne & des uſages ci-deſſus ,,.

Si quelques Princes ont paru reſtrein-
dre la régale à certaines Egliſes , ,, leur
,, deſſein, diſent les Régaliſtes, n'étoit
,, pas de réſerver ce droit pour en ex-
,, clure d'autres Egliſes Cathédrales ;
,, leur intention étoit de ne pas l'éten-
,, dre aux Collégiales & aux Egliſes
,, qui n'étoient point de la collation des
,, Evêques. ,, Cependant M. Pavillon,
dans ſa lettre écrite à Louis XIV , aſſure
que Charles VI, Charles VII, Louis XI,
Louis XII , n'ont uſé de la régale que
dans les Dioceſes où elle étoit établie
par une ancienne coutume; mais ces
Monarques ont pu s'arrêter à l'uſage
ſans faire valoir toute l'étendue de leur
droit.

Il eſt certain que Charles VII en écrivant au Pape Eugene IV , n'excepte aucune Prélature de la régale. *Omnes*, dit

ce Prince, *in & sub regaliâ continentur.*
Ce Prince, en 1451, déclara par un
réglement général „ que les Evêques
„ nouvellement pourvus doivent faire
„ leur serment de fidélité en person-
„ ne, & non par procureur, & que
„ jusqu'alors la régale ne sera point
„ fermée „.

Cependant il faut convenir que dans
le quinzieme siecle & au commencement du seizieme, l'usage de la régale ne
s'étendoit pas universellement sur tous
les Evêchés de France. Louis XII défendit à ses Officiers de saisir les fruits
des Archevêchés & Evêchés où le droit
de régale n'avoit pas lieu. Le Parlement
de Paris suivoit cette jurisprudence avant
le seizieme siecle, sur la non-jouissance
des revenus des Evêchés qui vaquoient
dans les Provinces où le Roi n'avoit pas
coutume de les percevoir ; mais les Pu-
blicistes François disent que cette non-
jouissance étoit une tolérance qu'on appelle *souffrance* en matiere de fiefs, &

qu'elle ne pouvoit prefcrire contre le droit du Souverain , qui pouvoit rentrer à toute heure dans la jouiffance univer- felle de la régale.

Pour appliquer ces reftrictions à cer- taines Prélatures , & fon étendue à tou- tes en particulier , je crois qu'il faut dif- tinguer les temps où le Roi ne la perce- voit qu'en qualité de Seigneur fuzerain ou dominant, de ceux qu'il a perçu en qualité de Souverain. Comme Seigneur féodal dominant , il n'exerçoit fon droit de régale que fur les Evêchés dont le temporel étoit compofé de fiefs qui re- levoient de la Couronne ; & il n'en ufoit point fur les Prélatures qui avoient des *alleux*, parce que les terres allodiales n'é- toient point fujettes aux droits féodaux : mais enfuite la régale ayant été confidé- rée comme un droit attaché à la fouve- raineté , nos Rois l'ont étendu fans dif- tinction fur toutes les Prélatures confif- toriales de leur Royaume.

§. VII.

§. VII.

De la Régale sous les Rois Henri IV, Louis XIII & Louis XIV.

HEnri IV, par son édit du mois de Décembre 1606, déclara qu'il n'entendoit jouir du droit de régale, que *dans la forme dont ses prédécesseurs en avoient joui, sans l'étendre plus avant au préjudice des Eglises qui en étoient exemptes.* Cet édit fut enregistré avec quelque difficulté par le Parlement de Paris. On soutenoit dans cette Cour, que les Evêchés de France sans aucune distinction étoient soumis à la régale.

En 1607, elle rendit un arrêt qui *maintenoit un pourvu en régale* dans l'Eglise d'Angoulene * ; & après la prononciation de cet arrêt, M. de Harlay, Premier Président, dit en pleine audience, *que personne ne devoit plus douter que la régale n'eût lieu par tout le Royaume :*

Tome II.   E

* Le Bret note que p. 568 & 569.

il excepta néanmoins les Eglises qui étoient exemptes de ce droit à un titre onéreux.

Un an après environ, c'eft-à-dire, le vingt-quatrieme d'Avril 1608, le Parlement déclara par un arrêt, que *le Roi avoit droit de régale en l'Eglife de Saint-Jean de Bellay, comme en toutes les autres Eglifes de fon Royaume, & fit défenfes aux Avocats & Procureurs de faire aucune propofition au contraire.*

Cet arrêt allarma les Prélats du Languedoc, de Guyenne, de Provence & du Dauphiné ; ils s'en plaignirent au Roi comme d'une entreprife fur les libertés de l'Eglife, & d'une contravention à l'édit de 1606. Les pourvus des bénéfices par les ordinaires pendant la vacance des Sieges, s'oppofoient à l'exécution de l'arrêt. Cette affaire fut portée au Confeil, qui ordonna une furféance ; en même-temps il enjoignit aux Evêques des quatre Ptovinces, de produire les titres qui exemptoient leurs Sieges de la régale.

Cette demande embarraſſa les Prélats; ils répondirent que ce n'étoit point par des privileges particuliers, ni par des décharges gratuites, ou par des contrats paſſés avec le Roi, que leurs Egliſes étoient exemptes de la régale; mais que cette immunité étoit fondée ſur une franchiſe naturelle, & une liberté canonique, dans laquelle elles ont toujours été conſervées.

L'affaire de la régale fut en ſuſpens pendant le reſte du regne de Henri IV, & une partie de celui de Louis XIII ſon ſucceſſeur. Les Evêques des quatre Provinces, qui ſe diſoient exempts, s'oppoſerent aux priſes des poſſeſſions des pourvus en régale; ils nommoient d'autres titulaires, & les procès furent portés au Parlement de Paris, qui décidoit en faveur du Régaliſte; mais le Clergé s'oppoſoit à l'exécution des arrêts. Comme ce demêlé entre le Clergé & le Parlement pouvoit avoir des ſuites fâcheuſes, Louis XIII prit des meſures pour les terminer. Par une lettre du seizieme d'Octobre 1627, il enjoignit aux Archevêques & Evêques des Provinces de Languedoc, de Guyenne, de Provence & de Dauphiné, *& aux autres qui prétendoient à l'immunité & à l'exemption du droit de régale, d'envoyer dans six mois au Greffe du Conseil les titres & enseignemens de leurs exemptions, pour iceux être communiqués à son Procureur-général du Parlement de Paris, qui donneroit son avis, & le tout vu & rapporté au Conseil, pour y être pourvu; & cependant réserva à soi & à son Conseil la connoissance de toutes les contestations mues & à mouvoir sous prétexte de droit de régale dans les Archevéchés & Evéchés de Languedoc, Guyenne, Provence & Dauphiné.*

Louis XIII, dans son ordonnance de 1629, déclara *qu'il n'entendoit jouir du droit de régale à lui appartenant à cause de sa Couronne, que de la même maniere qu'il en avoit joui par le passé.* Cet article n'ayant point paru assez net au Clergé, il en demanda l'explication à M. de Marillac, Garde-des-Sceaux. Ce Magiſtrat qui avoit dreſſé cette ordonnance, répondit que l'intention du Roi *étoit de ne vouloir jouir de la régale ès lieux où il n'en avoit point joui par le paſſé.* En conſéquence, les Egliſes de Languedoc délibérerent ſi elles produiroient leurs titres ; elles ſuppoſoient que leurs terres étant des francs-alleux, on ne pouvoit les ſoumettre à la régale, & que c'étoit aux Officiers du Roi à donner des preuves pour appuyer les prétentions de Sa Majeſté ; mais après une mûre délibération, ils envoyerent au Conſeil leurs titres & leurs inductions : l'inſtance fut inſtruite : les Gens du Roi au Parlement de Paris donnerent leur avis le vingt-quatrieme de Juillet 1633. Les Commiſſaires nommés par le Roi examinerent cette affaire : leur avis fut que la régale étoit *un droit de la Couronne inaliénable & impreſcriptible ;* c'étoit déclarer qu'elle étoit plutôt un droit de la souveraineté, que de la domination féodale du Roi, qu'ainsi on pourroit l'étendre à tous les bénéfices consistoriaux.

Cependant le Chapitre de la St. Chapelle de Paris prétendoit aux régales des Prélatures vacantes, & ne vouloit admettre aucune exception. En 1364, Charles V l'avoit gratifié du reliquat des comptes des régales ; Charles VII, lui céda pour trois ans les profits des régales ; Louis XI les lui accorda pendant son regne ; Charles VIII, Louis XII, François I, Henri II & François II, firent la même chose ; Charles IX les lui donna sans limiter le temps : mais cette donation ne lia pas ses successeurs : car on tenoit alors pour maxime, que les gratifications des revenus attachés à la Couronne, ne subsistoient que pendant la vie du Monarque qui les avoit accordées : aussi le Chapitre de la Sainte-Chapelle fit confirmer par Henri III & Henri IV la concession que lui avoit faite Charles IX.

Le Tréſorier & les Chanoines, ſou-
tenus du Parlement, demanderent à
M. Pavillon, Evêque d'Alet, le revenu
de deux années écoulées depuis ſa nomination à cet Evêché juſqu'à ſa priſe
de poſſeſſion *. Ils firent des pourſui-
tes, qui ceſſerent lorſque Louis XIII ôta
les revenus régaliens à la Sainte-Chapelle; mais afin de l'indemniſer, il lui
unit pour toujours l'Abbaye de St. Ni-
caiſe de Reims : les lettres d'union ſont
du mois de Décembre 1641. Elles aſ-
ſignent les revenus des Evêchés vacants aux Evêques ſucceſſeurs. (a).

* Vie de M. Pavillon, t. 3, p. 25.

(a) Ce changement ne fut point avantageux au
Chapitre de la St. Chapelle; l'Abbaye de St. Ni-
caiſe ne rapportoit alors que dix à douze mille livres au Titulaire; les régales annuelles, ſelon la ſup-
putation qui en fut faite, égaloient alors en revenus
ceux des trois plus riches Archevêchés du Royaume joints enſemble; ils ne pouvoient dire de leur
poſſeſſion que ce qu'un ancien Auteur avoit dit autrefois d'une gratification qu'on lui avoit ôtée : *Tenuimus quod voluit, tenuimus quod licuit, preca-
rii poſſeſſores ſumus.*

Ces lettres-patentes furent enregistrées par le Parlement en 1642. La
Chambre des Comptes en les vérifiant,
déclara que „ les succeffeurs ne pour-
„ roient jouir des fruits de ces béné-
„ fices, qu'en vertu d'un brevet parti-
„ culier du don qui en feroit fait par
„ Sa Majefté ; afin de faire voir que ces
„ fruits appartiennent à la Couronne,
„ & que les Evêques n'y ont d'autres
„ droit que celui d'une gratification que
„ le Roi peut leur faire „.

Louis XIV ne perçut point les revenus des bénéfices vacants en régale ;
il en gratifia des deux tiers les hôpitaux
des Provinces, & de l'autre, il fit des
penfions aux nouveaux convertis : fouvent auffi il réfervoit les revenus d'un
Evêché au nouveau Prélat pour payer
fes bulles, & faire les réparations que
le prédécesseur avoit négligées, ou il
en distribuoit une partie à des Abbayes
de filles pour acquitter leurs dettes ; enfin, il deftinoit quelquefois les revenus.

d'une Abbaye vacante pendant plusieurs années, à la reconstruction d'un College, ou d'une Eglise qui tomboit en ruine.

Les troubles arrivés pendant la minorité de Louis XIV, avoient presque fait oublier la dispute de la régale. En 1670 environ, le Conseil reprit cette affaire. M. Boucherat, chargé du rapport, fut d'avis de ne point étendre la régale à toutes les Eglises ; mais le sentiment contraire prévalut. L'arrêt donné en conséquence fut comme le prélude de la déclaration du mois de Février 1673. Voici la teneur de celle-ci.

Sa Majesté y déclare ,, que le droit ,, de régale inaliénable & imprescrip- ,, tible, lui appartient universellement ,, dans tous les Archevêchés & Evê- ,, chés de son Royaume , Terres & ,, Pays de son obéissance , à la réserve ,, seulement de ceux qui en sont exempts ,, à titre onéreux... En conséquence , ,, que les Archevêques & Evêques se-

„ ront tenus dans deux mois du jour
„ du serment de fidélité qu'ils auront
„ prêté, d'obtenir des lettres-patentes de
„ main-levée, & de les faire enregistrer
„ dans la Chambre des Comptes de
„ Paris ; & que ceux qui auront prêté
„ ci-devant le serment de fidélité, &
„ n'ont pas obtenu lesdites lettres de
„ main-levée, seront tenus de les ob-
„ tenir, & de les faire enregistrer dans
„ deux mois à ladite Chambre des
„ Comptes ; après lesquels & faute d'y
„ satisfaire dans ledit temps, & icelui
„ passé, les bénéfices sujets au droit
„ de *régale*, dépendants de leur colla-
„ tion, seront déclarés vacants & im-
„ pétrables en *régale* „.

Par une seconde déclaration du 10ᵉ.
de Février de la même année, „ le Roi
„ autorise un réglement des droits qui
„ seront payés à l'avenir à la Chambre
„ des Comptes, pour cet enrégistre-
„ ment, par les Archevêques & Evê-
„ ques de Languedoc, de Guyenne, de

,, Provence & de Dauphiné ; defquels
,, droits lefdits Archevêques & Evêques
,, qui étoient alors pourvus & avoient
,, prêté leur ferment de fidélité , font
,, expreffément déchargés, pourvu qu'ils
,, obtiennent lefdites lettres de main-
,, levée , & qu'ils lés ayent fait enre-
,, giftrer en ladite Chambre des Comp-
,, tes après la publication de la fufdite
,, déclaration ,,.

Ces deux déclarations vérifiées au
Parlement de Paris, furent envoyées aux
Prélats par les Agents du Clergé. Les
Evêques de Mendes , de Caftres, de
Saint-Pons , de Beziers firent enregiftrer
leur ferment. Mrs. d'Alet & de Pamiers
prirent encore du temps pour fe déterminer ; enfin, l'Evêque d'Alet ne voyant
plus de remede , & croyant peut-être
que l'enrégiftrement de fon ferment ne
tireroit pas à conféquence pour le droit
de fon Eglife , fe difpofa à envoyer fa
procuration pour cet enrégiftrement :
mais M. de Vaucel, fon Théologal, l'en

détourna : il fit un mémoire que M. Pavillon adreſſa à M. Caulet, Evêque de Pamiers, diſpoſé auſſi à faire enrégiſtrer ſon ſerment de fidélité. La lecture de ce mémoire arrêta la démarche que M. Caulet étoit prêt à faire. L'un & l'autre Prélat écrivirent à l'aſſemblée du Clergé de 1675, pour lui rendre compte de leur conduite, & l'engager à faire au Roi des remontrances ; mais ces lettres furent inutiles.

Le vingtieme d'Avril 1675, le Roi donna une déclaration pour expliquer ſes intentions, & les faire exécuter. Il ajoute enſuite : ,, Nous voulons que les ,, pourvus en régale des bénéfices va- ,, cants dans les Archevêchés de Bour- ,, ges, de Bordeaux, d'Auſch, de Tou- ,, louſe, de Narbonne, d'Arles, d'Avi- ,, gnon, d'Embrun, de Vienne, & Evê- ,, chés ſuffragants, qui y avoient été ,, maintenus par arrêt contradictoire ou ,, ſur requête, ou qui avoient obtenu ,, des arrêts portant renvoi en la Grand'-

„ Chambre du Parlement de Paris,
„ jouiſſent deſdits bénéfices, y ſoient
„ & demeurent définitivement main-
„ tenus „.

Vers la fin de Mai 1675, un Eccléſiaſtique, nommé la Gorée, ou Lacoré,
pourvu en régale de la Tréſorerie de la
Cathédrale d'Alet, ſe préſenta au Chapitre pour en prendre poſſeſſion. M. Pavillon fit une ordonnance qui défendit
au Régaliſte de s'ingérer dans les fonctions de la Tréſorerie, ſous peine d'excommunication *ipſo facto*, & au Chapitre
de le recevoir, ſous peine d'interdit.

Le quinzieme de Mars 1676, l'Evêque d'Alet rendit une ordonnance contre lès pourvus en régale des bénéfices
de ſon Dioceſe : „ Nous avons fait, dit
„ le Prélat, & faiſons inhibitions & dé-
„ fenſes aux Chapitres de notre Egliſe
„ Cathédrale & Collégiale de St. Paul,
„ de recevoir aucuns pourvus en régale
„ dans les bénéfices de leurſdites Egli-
„ ſes, en vertu des proviſions par eux

,, fubrepticement obtenues, les inftal-
,, ler, leur donner place au chœur &
,, au Chapitre, de les admettre à aucu-
,, nes fonctions defdits bénéfices, à pei-
,, ne de fufpenfe, *ipfo facto* : & contre
,, ceux qui auront appuyé ou favorifé
,, ladite réception ou inftallation, &
,, auxdits pourvus de s'y ingérer, fous
,, peine d'excommunication *ipfo facto* ;
,, faifant pareillement défenfes à toutes
,, perfonnes eccléfiaftiques de mettre
,, en poffeffion lefdits Régaliftes, en
,, vertu defdites provifions, d'affifter
,, à leur prife de poffeffion, & de leur
,, donner aide, appui pour cet effet, à
,, peine de fufpenfe *ipfo facto*, &c. ,,

Un arrêt du Confeil donné le vingt-
troifiemé de Juin 1676, caffa les ordonnances de M. d'Alet. Le Prélat en rendit une autre contre l'Abbé de Foix,
pourvu en régale du Doyenné de l'E-
glife d'Alet. Il écrivit au Roi pour juftifier fa conduite ; mais Mr. de Châte
neuf, Secretaire d'Etat, à qui la lettre

fut adreſſée, répondit que S. M. l'avoit lue, & qu'elle n'en avoit pas été ſatiſfaite.

Ce Prélat mourut le 8 Décembre 1677. Sa mort ne découragea pas M. de Pamiers : il continua de ſoutenir que ſon Egliſe, pendant la vacance du Siege, étoit exempte de la régale. Son temporel fut ſaiſi ; & pour vivre, il eut recours à la charité de ſes Diocéſains. Le Pape Innocent XI prit ſon parti. En 1678, il adreſſa au Roi deux brefs pour l'engager à renoncer à la régale. *Il n'y a perſonne*, dit le Pape, *qui oſe révoquer en doute que la puiſſance ſéculiere ne peut avoir aucun droit ſur les choſes ſaintes, qu'autant qu'il peut lui en avoir été accordé par l'Egliſe. Or tant s'en faut que l'Egliſe ait accordé aux Rois de France d'étendre la régale ſur toutes les Egliſes de leur Royaume, qu'elle l'a expreſſément défendu dans le Concile de Lyon, que la France a toujours eu en une ſinguliere vénération. Quant aux Rois vos prédéceſ-*

seurs, nous apprenons de tous les Ecri-
vains, & même de vos regiſtres publics,
qu'ils ont tous obſervé religieuſement l'or-
donnance de ce Concile; ou que ſi quel-
qu'un a eu la penſée d'étendre ſon droit au-
delà de ce réglement, il s'en eſt déſiſté,
après avoir mieux conſidéré toutes choſes.

L'Evêque de Pamiers, ſoutenu de ces
deux brefs, rendit, en 1679, une ordonnance portant excommunication contre ceux qui, étant pourvus en régale,
prendroient poſſeſſion de quelque bénéfice dans ſon Dioceſe. (*a*).

Le Pape appuya de ſon autorité l'ordonnance de l'Evêqne de Pamiers : il
envoya au Roi un troiſieme bref qui
commence par des remontrances, &
finit par des menaces. *Pour nous*, dit le
Pontife,

(*a*) M. de Pamiers, le 31 dé Mars 1680, rendit une ſeconde ordonnance qui confirme la premiere : il y renouvelle les cenſures contre ceux qui ob-
tiendront en régale les bénéfices dans ſon Dioceſe.

Pontife , *nous ne traiterons plus cette af-*
faire par lettres ; mais auffi nous ne né-
gligerons pas les remedes que la puiffance
dont Dieu nous a revêtus , nous met en
main ; nous ne pouvons les négliger dans
un danger fi preffant , fans nous rendre
coupables d'une négligence très-criminelle
dans l'adminiftration de la charge apof-
tolique qui nous a été confiée.

Le Clergé de France affemblé en
1680 à St. Germain-en-Laye , fut effrayé de ces menaces ; il écrivit au
Roi , que fi le Pape entreprenoit quelque chofe contre fes droits ou contre
fa perfonne , il prendroit avec zele la
défenfe de Sa Majefté.

L'Evêque de Pamiers mourut le 17^{e.}
d'Août 1680. Le Chapitre , compofé
de Chanoines réguliers , élut pour Vi-
caires-Généraux du Diocefe, les PP. Aubarede & Rech. Deux jours après, trois
Eccléfiaftiques pourvus en régale fe pré-
fenterent pour être admis aux fonctions
de leurs bénéfices. Le Pere Aubarede

Tome II. F

les excommunia , & sortit ensuite de l'E-
glise avant le Chapitre & le peuple.
L'Intendant eut ordre d'établir les Régalistes, ce qu'il fit. Le Pere Aubarede
ayant été relégué , le Pere Rech, qui
étoit aussi Grand-Vicaire , demanda au
Chapitre quelques adjoints : on lui nomma le Pere Cerle & M. Charlas. De
concert avec les anciens Chanoines ,
ils refuserent de communiquer avec ceux
qui étoient pourvus en régale.

Cependant l'Archevêque de Toulouse ,
Métropolitain de Pamiers, nomma pour
Vicaire-Général dans ce Diocese , le
Sieur Fortessin, & pour Promoteur , le
Sieur Palarin. Le Pere Rech défendit
d'obéir à ce Grand-Vicaire : il fut arrêté ; & les Chanoines qui refuserent de
reconnoître le Grand-Vicaire de Toulouse, furent relégués. Celui-ci donna une
ordonnance le 26e. d'Octobre 1680. Elle
cassoit les censures portées par l'Evêque de Pamiers & les Grands-Vicaires
du Chapitre , contre ceux qui étoient

pourvus en régale, ou qui communiqueroient avec eux. Le Pere Cerle, de sa retraite, lui opposa une autre ordonnance datée du 15e. de Novembre de la même année.

Innocent XI avoit déja confirmé aux Peres Aubarede & de Cerle la qualité de Grands-Vicaires, par deux brefs, l'un du 25 Septembre, & l'autre du 2 Octobre de la même année 1680; le premier adressé aux Grands-Vicaires de Pamiers, & le second au Chapitre : il y confirmoit les censures portées contre les Régalistes. Dans un autre bref du 2 Octobre envoyé à l'Archevêque de Toulouse, il s'étoit plaint de ce que ce Prélat avoit absous les excommuniés, au préjudice de l'appel interjetté au Saint Siege. En conséquence de ces brefs, le Pere Cerle rendit une ordonnance qui défendoit de reconnoître pour Vicaire-Général le Sieur Dandaure, nommé par l'Archêveque de Toulouse. Cette ordonnance fut suivie d'une autre, qui excommunioit le Sr. Dandaure & son Promoteur. Le Pape enfin, par un bref du premier Janvier 1681 , adreſſé au Pere Cerle & au Chapitre de Pamiers, déclara nul l'établiſſement des Grands-Vicaires fait par l'Archevêque de Touloufe , & prononça une ſentence d'excommunication contre ceux qui n'obéiroient pas à ce qu'il avoit ordonné.

,, Si quelqu'autre , dit le Pape, que
,, les Grands-Vicaires-généraux qui ont
,, été élus canoniquememt & ſelon la
,, coutume, ou qui le ſeront à l'avenir
,, dans la néceſſité , par vous qui com-
,, poſez le véritable Chapitre de l'E-
,, gliſe de Pamiers, & leſquels nous
,, confirmons de notre autorité apoſto.
,, lique en tant que beſoin, & confir-
,, merons reſpectivement, a la témé-
,, rité d'uſurper le nom & l'autorité de
,, Grand-Vicaire, ſous quelque prétexte
,, que ce puiſſe être , ſoit comme élu
,, ou député par ceux qui ſont intrus
,, dans les Canonicats de votre Cathé-

„ drale, & que votre Evêque avoit
„ déclarés avoir encouru les censures
„ portées par le Concile de Lyon,
„ soit qu'il ait été établi par le Métro-
„ politain ou par quelqu'autre puissan-
„ ce : nous déclarons que tout ce qu'il
„ aura ordonné, ou ce qu'il ordonnera
„ en cette qualité, & tout ce qui s'en
„ est suivi ou pourra en suivre, sera
„ attentatoire & entrepris par des per-
„ sonnes qui n'ont nulle autorité, & par
„ conséquent invalide & de nulle va-
„ leur, tant pour le présent que pour
„ l'avenir. Quant à ceux qui sous pré-
„ texte de cette élection ou députation,
„ ont osé exercer quelque jurisdiction,
„ nous leur défendons expressément &
„ en vertu de la sainte obéissance, d'en-
„ treprendre rien de semblable dans la
„ suite, sous peine d'excommunication
„ majeure, de privation des bénéfices
„ & des dignités qu'ils possedent, &
„ d'inhabileté perpétuelle pour en pos-
„ séder jamais; lesquelles peines ils en-

,, courront par le feul fait. Nous vou-
,, lons même & nous ordonnons, que
,, fans autre déclaration & par le feul
,, fait, les mêmes peines foient encou-
,, rues par ceux qui leur auront obéi,
,, ou qui les auront aidés de leur con-
,, feil ou autorité en quelque maniere
,, que ce puiffe être, de quelqu'ordre,
,, rang & dignité qu'ils foient, laïcs
,, ou clercs, féculiers ou réguliers, mê-
,, me les Peres de la fociété de Jefus,
,, & le Métropolitain lui-même, que
,, la connoiffance qu'il a de nos inten-
,, tions, & l'appel de fes ordonnances
,, que nous avons reçu, doivent retenir
,, dans fon devoir, quand même il n'y
,, feroit pas engagé par l'importance de
,, l'affaire dont il s'agit. Nous nous ré-
,, fervons à nous feuls & à nos fuccef-
,, feurs, le pouvoir de les abfoudre &
,, de lever les cenfures. De plus, nous
,, avertiffons les fideles de l'un & l'autre
,, fexe, dont le falut éternel doit faire
,, une partie de notre follicitude, que

,, toutes les confeſſions qui ont été ou
,, qui ſeront faites à des Prêtres ſécu-
,, liers ou réguliers, qui tiendront leur
,, miſſion de ces prétendus Vicaires-
,, Généraux, mal élus ou députés, ſont
,, & ſeront nulles dans la ſuite ; que
,, les mariages contraêtés devant les
,, Prêtres qui ne ſont point Curés lé-
,, gitimes, & qui n'en font les fonêtions
,, qu'en vertu du pouvoir qu'ils auront
,, reçu de ces mêmes Vicaires-Gené-
,, raux, ſont invalides ; & qu'auſſi ceux
,, qui auront contraêté en cette maniere
,, ne ſeront pas véritablement mariés, &
,, vivront dans le concubinage : nous
,, ordonnons la même choſe touchant
,, les Cures & autres bénéfices qu'ils
,, auront conférés, permiſſion de prê-
,, cher, & autres aêtes ou ordonnances
,, qu'ils auront donnés ou donneront à
,, l'avenir ,,.

Ce bref d'Innocent XI renverſoit une
partie des libertés de l'Egliſe de France,
& portoit un grand préjudice à la ré-

gale. Le Roi, pour en arrêter les suites fâcheuses, assembla à Paris, en 1681, les Prélats de son Royaume, & demanda leur avis sur les articles que je vais rapporter.

I. Si la question de l'universalité de la régale est clairement décidée dans le Concile de Lyon.

II. Si les différents sentiments des Docteurs, qui rendent la question douteuse par les interprétations différentes qu'ils donnent au Concile de Lyon, n'obligent pas l'Eglise à déclarer quel est le véritable sens de ce Concile, avant que de rendre sur cette matiere un jugement particulier.

III. Supposé qu'il y ait une explication à donner juridiquement, à qui appartient-il de la donner, & comment, pour la rendre obligatoire ?

IV. Si un jugement prématuré sur cette explication jugée nécessaire, ne rend pas ceux qui l'ont porté suspects, & incapables de la donner.

V. Suppposé l'interprétation donnée
fur le Concile de Lyon, telle que le Pape
d'aujourd'hui la prétend dans fes brefs,
à qui appartient-il de juger en France
de la régale, tant à l'égard des particuliers, que des Provinces entieres? qui
en a jugé dans le Royaume depuis Innocent III jufqu'à préfent?

VI. Suppofé que la queftion dût être
jugée par le Pape dans l'état préfent des
affaires, favoir fi Sa Sainteté la traite
par voie de rigueur ou de fimple exhor-
tation.

VII. Savoir s'il doit fur fa prétention
la juger à Rome, ou par des Juges commis fur les lieux.

VIII. Si dans le doute à qui appartient
le jugement de l'univerfalité de la régale, le Roi prétendant que c'eft à lui feul,
ou à fon Parlement d'en décider., & le
Pape prétendant que c'eft à lui feul, à
caufe qu'il s'agit ou de l'interprétation
ou de l'exécution d'un réglement fait par
un Concile-général; fi les Prélats ne doi-

vent point s'entremettre & même s'op-
poser par toutes voies dues & raisonna-
bles, pour empêcher que le Pape ne procede plus avant par des formes dures &
menaçantes, sur-tout s'ils prévoyent rai-
sonnablement que la rigueur servira plutôt à produire des scandales & des désordres.

L'assemblée à qui ces propositions furent communiquées, se tint à l'Archevêché de Paris : elle commença le dix-neu-
vieme de Mars 1681, par la lecture d'un
mémoire que Mrs. de Besons & Desma-
rets, Agents généraux du Clergé, avoient
présenté au Roi contre les brefs d'Innocent XI.

„ Dans tous ces brefs, dit M. l'Ab-
„ bé de Besons, ceux qui ont tâché
„ de brouiller le Pape avec le Roi,
„ & de semer la mésintelligence entre
„ ces deux Puissances, ont travaillé à
„ ruiner les canons reçus & observés
„ en France, & à détruire le Concor-
„ dat; car tout leur dessein a été d'en-

,, gager Sa Sainteté à juger fur de fim-
,, ples relations, fans aucune appella-
,, tion, & dans fon tribunal confirmer
,, de fon propre mouvement & par le
,, feul motif de fa plénitude de puif-
,, fance, des élections nulles & invali-
,, des ; à priver des Evêques de leur
,, autorité ordinaire, des Archevêques
,, & des Primats de leur jurifdiction,
,, & intervertir l'ordre des jurifdictions
,, eccléfiaftiques.

Après la lecture de ce mémoire, M.
l'Abbé Defmarets fit voir dans un dif-
cours en forme de remontrances, la
néceffité d'arrêter les entreprifes de la
Cour de Rome, & finit ainfi : ,, Quel-
,, que refpect & quelque foumiffion que
,, nous ayons pour le Saint Siege & pour
,, la perfonne de Sa Sainteté, nous avons
,, cru être indifpenfablement obligés
,, par le devoir de notre charge, de don-
,, ner avis à Mrs. les Prélats des brefs,
,, (envoyés en France) de leur remettre
,, les pieces entre les mains, afin qu'en

„ ayant une connoiſſance exacte, ils
„ puiſſent prendre les réſolutions qu’ils
„ eſtimeront néceſſaires , &c. „.

L’Abbé Deſmarets ayant parlé, M.
de Harlay , Archevêque de Paris , &
Préſident de l’aſſemblée , dit : „ Que
„ l’on avoit reconnu par la lecture du
„ mémoire & par les remontrances qui
„ venoient d’être faites, l’importance des
„ affaires qui avoient obligé de con-
„ voquer cette aſſemblée ; qu’à préſent
„ il n’étoit pas néceſſaire de s’étendre
„ davantage ſur cette matiere, & qu’on
„ pouvoit prendre les avis de la Com-
„ pagnie.

Les Prélats déclarerent que le Clergé
de France ayant toujours conſervé un
grand reſpect pour le Saint Siege, une
fidélité inviolable au Roi , une fermeté
inébranlable pour ſoutenir les droits &
les libertés de l’Egliſe Gallicane , il falloit toujours conſerver cet eſprit, qui
avoit rendu l’Egliſe de France ſi au-
guſte.

On pria M. l'Archevêque de Paris de nommer six Commissaires pour examiner les propositions présentées de la part du Roi; il choisit les Archevêques de Reims, d'Embrun & d'Alby , & les Evêques de la Rochelle, d'Autun & de Troyes.

Dans la séance du premier de Mai, M. le Teiller , Archevêque de Reims , rendit compte de tout ce que la commission avoit fait. Après plusieurs considérations générales sur la régale & les libertés du Clergé, il entre en matiere, & discute les propositions que le Roi avoit fait présenter à l'assemblée.

,, Il y a très-long-temps, dit-il, que
,, nos Rois sont en possession du droit
,, de régale. Alexandre III , Innocent
,, III, Clément IV & Grégoire X, le
,, second Concile de Lyon , & Gré-
,, goire XI, l'ont reconnu , & les Evê-
,, ques nos prédécesseurs l'ont approuvé
,, dans l'assemblée de Bourges ; on ne
,, peut donc s'élever contre ce droit en
,, général, sans combattre l'autorité de ce

,, Concile & celle de ces grands Papes:
,, ainsi le fondement de la régale ne
,, pouvant être contesté par des gens
,, éclairés, il ne s'agit présentement que
,, de son extension.

,, Cette question n'est pas aussi aisée
,, à décider en notre faveur, qu'on l'a
,, voulu persuader au Pape. La régale
,, est considérée par le Roi & ses Offi-
,, ciers comme un droit de sa Couronne;
,, c'est le *jus regium* ainsi traité depuis
,, Philippe-le-Bel. Nos Rois ne l'ont ja-
,, mais soumis à aucun tribunal ecclé-
,, siastique; ils ne prétendent pas même
,, être obligés de se conformer sur cette
,, matiere à la police & à la discipline
,, de l'Eglise. En effet, on voit par les
,, anciens arrêts du Parlement de Pa-
,, ris, que cette Compagnie a toujours
,, jugé sur ces principes, maximes au-
,, jourd'hui très-communes dans les Au-
,, teurs qui ont écrit sur la régale. C'est
,, un arrêt du vingt-quatrieme d'Avril
,, 1608, rendu par le Parlement de Pa-

„ ris, qui a donné lieu à la conteſtation „ préſente ; „ en voici les termes : *La Cour déclare le Roi avoir droit de régale en l'Egliſe du Bellay, comme en toute autre de ſon Royaume ; fait inhibitions & défenſes aux Avocats de faire aucune propoſition au contraire.*

„ Le Clergé s'étant plaint au Roi „ Henri IV de cet arrêt, comme étant „ donné contre les termes précis de la „ déclaration de 1606 qui venoit d'être „ enregiſtrée , (*a*) ce grand Prince „ évoqua l'affaire à lui & à ſon Conſeil, „ où l'inſtance qui a depuis été jugée, „ fut liée dès ce temps-là. Les Prélats „ n'ont pu ſe défendre de reconnoître „ la juriſdiction du Conſeil, parce qu'ils „ étoient perſuadés , comme nous le „ ſommes avec tout le reſte du Royau- „ me, qu'il n'y en a aucune autre où „ cette affaire pût être traitée. Cela eſt

______

(*a*) Cette déclaration ne fut enregiſtrée au Parlement que le 29e. Février 1608.

,, fi vrai, que les affemblées du Clergé
,, n'ont jamais prétendu qu'elle dût être
,, portée au Tribunal eccléfiaftique. Sur
,, ce principe, les Evêques des quatre
,, Provinces (*a*) ont produit leurs titres;
,, ils ont été examinés par les Gens du
,, Confeil les plus éclairés, tellement
,, qu'il eft vrai, que le jugement rendu
,, par le Roi eft contradictoire.

,, Philippe de Valois, par fon ordon-
,, nance du mois d'Octobre 1334, vul-
,, gairement nommée *la Philippine*, a-
,, décidé de grandes difficultés fur cette
,, matiere. * Louis XI, par fa déclara-
,, tion du vingt-quatrieme de Mai 1463,
,, a défendu à fes fujets de procéder
,, pardevant aucuns Juges eccléfiafti-
,, ques, même en Cour de Rome, fur
,, la régale, fans avoir vu que Jean XXII
,, fe foit plaint de Philippe, & Pie II de
          Louis

* T. 2 des preuv. des libert. de l'Egl. Gall. p. 511, 632.

(*a*) Ces Provinces font le Languedoc, la Guyenne, la Provence & le Dauphiné.

„ Louis XI. La Bretagne réunie à la
„ Couronne en 1532, a été foumife à
„ la régale par un arrêt du Parlement
„ en 1598, fous le Pontificat de Clé-
„ ment VIII, qui n'en fit aucune plainte,
„ pas même au Cardinal d'Offat, qui
„ étant pour lors auprès de Sa Sainteté,
„ reconnoît dans une de fes lettres, que
„ le Roi pouvoit étendre la régale fur
„ tous les Evêchés de fon Royaume *.   *T. I des preuv. des libert. Gall. lettr. 289.
„ D'un autre côté, nous avons tou-
„ jours été perfuadés que le droit de ré-
„ gale étant une fervitude, c'étoit à
„ l'Eglife à l'impofer en ce qui regarde
„ la collation des bénéfices ; c'eft fur ce
„ principe que le fecond Concile de
„ Lyon a toleré l'ufage de la régale
„ dans les lieux où elle étoit pour lors
„ établie, & défendu en même-temps
„ de l'étendre fous peine d'excommu-
„ nication : il faut convenir que les
„ Eglifes qui y étoient affujetties en
„ 1274, n'ont pas dû réclamer, com-
„ me elles n'ont jamais réclamé en ef-

,, fet , & que celles qui s'étoient con-
,, fervées jufques-là dans leur liberté
,, naturelle & canonique, ont eu raifon
,, de fe défendre jufqu'à la déclaration
,, de 1673 , qui foumet indifféremment
,, toutes les Eglifes du Royaume à la
,, Régale.

,, Ceux qui ont l'honneur de fervir le
,, Pape, n'ont pas affurément une idée
,, jufte de ce droit , puifque Sa Sainte-
,, té , dans un de fes brefs au Roi , en
,, parle comme d'une affaire , *in quâ*
,, *non folùm Gallicanæ , fed totius Eccle-*
,, *fiæ dignitas falufque evertitur.* Il eft
,, néanmoins conftant qu'il ne confifte
,, que dans la jouiffance des fruits des
,, Evêchés vacants , & dans la colla-
,, tion des dignités & des prébendes
,, qui vaquent dans les Eglifes , jufqu'à
,, ce que les Sieges en foient remplis.
,, Que ces revenus foient régis par
,, les Officiers du Roi , par l'Econome
,, de l'Eglife , ou par l'Evêque vifiteur,
,, qui étoit autrefois envoyé par le Mé-

„ tropolitain; que les bénéfices foient
„ conférés par le Roi ou par le Cha-
„ pitre, ou réfervés à l'Evêque fucceſ-
„ feur, c'eſt une matiere qui n'eſt que
„ de pure difcipline, fur laquelle l'E-
„ glife a varié en des occafions plus
„ importantes. Les Evêques, par exem-
„ ple, ne choififfoient-ils pas autrefois
„ tous les bénéficiers de leurs Dioceſes,
„ & ne les inftituoient-ils pas dans leurs
„ titres? Ce droit dont ils ont joui pen-
„ dant plufieurs fiecles, n'a pas empê-
„ ché que dans la fuite, pour grati-
„ fier ceux qui ont contribué aux fon-
„ dations & au rétabliffement des
„ Eglifes, on ne leur ait accordé le
„ privilege de préfenter aux bénéfices.
„ Les peuples dans l'ancienne Eglife
„ avoient fuffrage dans les élections des
„ Evêques : le Clergé de la ville & de
„ la campagne y étoit appellé. Les
„ chapitres des Eglifes Cathédrales fe
„ font depuis vus feuls dans la poffeſ-
„ fion de faire ces élections; un Con-

,, cile & le Saint Siege ont pourtant
,, donné, dans le dernier siecle, à nos
,, Rois, en abrogeant ces élections,
,, ce beau droit de nommer les Evê-
,, ques (a), qui charge autant la conf-
,, cience, qu'il honore leur Couronne.
,, Ces différents changements ne regar-
,, dent pas le fond de la Religion; ce font
,, des matieres de difcipline, qui ne peu-
,, vent altérer ni affoiblir les maximes
,, & les vérités de la foi Catholique:
,, *elles feules ne peuvent fouffrir aucun*
,, *changement* *.

* Tertul. de virgin. ve-landis.

,, Le Pape s'appuye principalement
,, fur le fecond Concile de Lyon, dont

(a) Le Parlement ne croit pas que le St. Siege dans le concordat ait donné au Roi le droit de nommer aux Evêchés, &c. Il prétend que ce droit de nomination eft fondé fur l'obligation où étoit le Clergé, de demander au Roi la permiflion d'élire, & la confirmation du fujet élu. Le Roi, dans le concordat, en nommant feul aux Evêchés, a fuccédé au Clergé & au peuple de chaque Province, à qui le choix des Prélats appartenoit, & il s'eft chargé d'un fardeau qui étoit partagé entre plufieurs.

,, il veut faire exécuter le réglement :
,, il eſt certain que ce Concile a tou-
,, jours été regardé dans le Royaume
,, comme un Concile général, & que
,, les Evêques de France y ont aſſiſté ;
,, mais nous apprenons de Durand, Evê-
,, que de Mendes, qui a travaillé aux
,, réglements de cette ſainte aſſemblée,
,, que ce canon a été fait principale-
,, ment ſur les plaintes que firent quel-
,, ques Evêques du Royaume, de la
,, maniere ſcandaleuſe dont les Officiers
,, du Roi dégradoient les biens des
,, Evêchés vacants ; il nous apprend
,, encore, que ce réglement ne fut
,, pas exécuté, & que l'Egliſe de France
,, en tira peu d'avantage.

,, Philippe-le-Bel, dans ſa fameuſe
,, conteſtation avec Boniface VIII, n'eut
,, pas recours au Concile de Lyon pour
,, défendre la régale attaquée par ce
,, Pape ; il s'appuya de l'exemple de
,, Saint-Louis ſon aïeul, mort quatre
,, ans avant ce Concile *. Ne ſeroit-il

* Hiſt. de ce différend, p. 64.

,, donc pas furprenant qu'on voulût au-
,, jourd'hui exciter des divifions, pour
,, procurer l'exécution d'un canon, qui
,, n'a pas même été obfervé dans un
,, temps où il devoit avoir plus de
,, force?

,, Vous jugerez aifément, MM. ,
,, de tout ce que j'ai eu l'honneur de
,, vous dire, que les principes du Pape
,, & ceux des Officiers du Roi fur la
,, régale font directement oppofés. Le
,, Pape croit que la régale eft un droit
,, émané de l'Eglife ; le Roi la regarde
,, comme un droit Royal, temporel, &
,, inféparable de fa Couronne. Le Pape
,, fe fonde fut le fecond Concile de
,, Lyon, & il regarde fes réglements
,, comme des bornes facrées qu'il n'eft
,, point permis de paffer. Le Roi qui,
,, avec raifon, ne prétend pas être fou-
,, mis à un Concile pour un droit tem-
,, porel, ne reconnoît point par confé-
,, quent fur cela l'autorité de celui qu'on
,, lui oppofe. Sa Majefté, au contraire,

„ foutient que fes prédéceffeurs n'ont
„ pu préjudicier à fes droits ; & que
„ s'ils ont eu des raifons pour conferver
„ les privileges des Eglifes des quatre
„ Provinces , elle en a eu de plus puif-
„ fantes pour y faire revivre ce droit
„ de régale , qui avoit été fufpendu par
„ ces prétendus privileges , ou par la
„ négligence de leurs Officiers ; que les
„ Evêques l'ont reconnue pour juge ; &
„ qu'en ayant prononcé un jugement ,
„ elle n'eft obligée d'en rendre compte
„ qu'à Dieu feul.

„ Voilà , MM. , une difpofition à
„ une grande divifion entre les deux
„ Puiffances. Qui jugera ce différend?
„ Le Pape fera des procédures ; les Par-
„ lements les déclareront abufives ; on
„ les traitera comme des entreprifes
„ faites fur le temporel du Roi : la plu-
„ part des Officiers de Sa Majefté , pen-
„ dant cette conteftation, acheveront de
„ ruiner la jurifdiction eccléfiaftique ,

,, qui eft prefque anéantie (a); ils effa-
,, ceront infenfiblement de l'efprit des
,, peuples, le refpeɛt qu'ils ont pour les
,, Pafteurs ; ainfi les défordres qui ac-
,, compagneront indubitablement cette
,, divifion, ne peuvent être comparés
,, avec les privileges des Eglifes des
,, quatre Provinces qu'on veut fauver ;
,, & tous les efforts que le Pape fera
,, pour rétablir leur prétendue liberté,
,, bien-loin d'être de quelqu'utilité, atti-
,, reront beaucoup de maux fur l'Eglife
,, de France. Nous eftimons donc qu'il
,, y va de notre honneur, & qu'il eft
,, de notre devoir de faire connoître à
,, Sa Sainteté, que, quoique nous ne
,, puiffions trop louer le zele & la fer-
,, meté avec laquelle nos prédéceffeurs
,, ont défendu la liberté des quatre Pro-

(a) Depuis l'édit donné par François I en 1539, la jurifdiction contentieufe du Clergé a fouffert de temps en temps des diminutions qui l'ont enfin ré-duite dans les bornes où nous la voyons aujourd'hui.

„ vinces jufqu'aux déclarations de 1673
„ & de 1675, nous avons pourtant eu
„ des raifons très-fortes pour nous y
„ foumettre ; & que par ces mêmes rai-
„ fons, dont nous efpérons que la piété
„ du Pape fera touchée, nous croyons
„ être obligés dans cette occafion à faire
„ tout ce qui dépendra de nous pour
„ rétablir entre Sa Sainteté & le Roi
„ une parfaite correfpondance. „

Dans une autre féance, M. l'Archevêque de Reims rendit compte des brefs
adreffés à M. l'Archevêque de Touloufe, à M. de Pamiers, & à fon Chapitre,
le Siege vacant. Après avoir fait quelques réflexions fur le contenu des premiers, il infifte fur celui du mois de
Janvier 1681.

„ Nous avons eu de la peine à com-
„ prendre, dit ce Prélat, comment on
„ a ofé le faire paroître fous le nom du
„ Pape... On y défend à M. de Tou-
„ loufe de nommer des Grands-Vicaires
„ pour le Diocefe de Pamiers, dont le

,, Siege eſt vacant; on caſſe , on dé-
,, clare nul tout ce qu'ils pourroient
,, faire... on frappe de l'excommunica-
,, tion majeure encourue par le ſeul
,, fait, ceux qui favoriſeront les Grands-
,, Vicaires nommés par l'Archevêque
,, de Toulouſe; on prononce contre lui
,, & ſes adhérents dans l'affaire de Pa-
,, miers une ſi terrible ſentence , ſans
,, les citer, ſans les entendre... Toute
,, cette procédure ſe fait à Rome ſans
,, commettre *in partibus* , comme on y
,, étoit obligé par le Concordat, qui eſt
,, devenu une loi de l'Etat. ,,

M. l'Archevêque de Reims ayant fait
ſon rapport, les Prélats furent d'avis de
demander au Roi un Concile national ,
ou une aſſemblée générale du Clergé.
Sa Majeſté en convoqua une pour 1682.
Les Evêques y reconnurent le droit de
régale ſur toutes les Egliſes du Royaume; cependant ils remontrerent au Roi ,
qu'à l'égard des Doyennés , Archidiaconés, Théologales, Pénitenceries, Pré-

bendes, ou autres bénéfices qui ont quelque jurifdiction, ou des fonctions fpirituelles, il étoit de regle, que ceux qui étoient pourvus de ces bénéfices par le Roi, fe préfentaffent aux Grands-Vicaires établis par les Chapitres, pour recevoir d'eux l'inftitution & la miffion.

Le Roi eut égard à cette remontrance : il fit publier un édit, dont voici le contenu.

„ Statuons, voulons & nous plaît,
„ que nul ne puiffe être pourvu dans
„ toutes les Eglifes Cathédrales & Col-
„ légiales de notre Royaume par nous
„ & nos fucceffeurs, des Doyennés, &
„ autres bénéfices ayant charge d'ames,
„ qui pourront vaquer en régale , ni
„ des Archidiaconés , Théologales ,
„ Pénitenceries & autres bénéfices ,
„ dont les titulaires ont droit particu-
„ liérement, & en leur nom, d'exercer
„ quelque jurifdiction & fonction fpi-
„ rituelle & eccléfiaftique, s'il n'a l'âge,
„ les degrés, & autres capacités pref-

,, crites par les faints canons & nos or-
,, donnances. Voulons que ceux qui fe-
,, ront pourvus par nous de ces bénéfi-
,, ces , fe préfentent aux Vicaires-gé-
,, néraux établis par les Chapitres, fi les
,, Eglifes font encore vacantes , & aux
,, Prélats , s'il y en a eu de pourvus ,
,, pour en obtenir l'approbation & mif-
,, fion canonique, avant que d'en pou-
,, voir faire aucune fonction.

Le Roi déclare enfuite ,, qu'il n'en-
,, tend conférer à caufe de fon droit de
,, régale , aucuns bénéfices qui peuvent
,, y être fujets par leur nature , fi ce
,, n'eft ceux que les Archevêques &
,, Evêques font en bonne & légitime
,, poffeffion de conférer ; il veut pour
,, cet effet, que dans les Eglifes Cathé-
,, drales & Collégiales , où les Chapitres
,, font en poffeffion de conférer les ca-
,, nonicats & prébendes, ils continuent
,, de conférer pendant la régale & va-
,, cance des Sieges.... que dans les Egli-
,, fes où il y a des prébendes à la colla-

„ tion de l'Evêque , & d'autres à celle
„ des Chanoines ; dans celles où l'Evê-
„ que & les Chanoines conferent par
„ tour de femaines, de mois, ou autres
„ temps; dans celles où le tour eft ré-
„ glé par les vacances; dans celles où
„ les prébendes d'un côté du Chœur
„ font affectées à la collation de l'Evê-
„ que, & celles de l'autre côté à la
„ collation des Chanoines, l'alternative,
„ le tour, & l'affectation foient gardés
„ & entretenus pendant l'ouverture de
„ la régale, tout ainfi qu'ils le font pen-
„ dant que le Siege eft rempli ; & ce
„ faifant, qu'il n'y ait point d'autres bé-
„ néfices réfervés à notre provifion ,
„ que ceux qui font fpécialement affec-
„ tés à la collation de l'Evêque, qui
„ vaqueront dans fon tour, ou du côté
„ que la collation des prébendes lui eft
„ affectée.

„ Pour les Eglifes où la collation des
„ prébendes & canonicats appartient à
„ l'Evêque & au Chapitre conjointe-

,, ment, ou dans lesquelles l'Evêque a
,, droit d'entrée & de voix au Chapitre,
,, pour présenter comme Chanoine, &
,, conférer ensuite en qualité d'Evêque
,, sur la présentation du Chapitre, nous
,, ordonnons qu'il sera par nous député
,, un Commissaire, qui assistera en notre
,, nom à l'assemblée du Chapitre, pour
,, conférer avec les Chapitres les pré-
,, bendes, si la provision en appartient
,, à l'Evêque & au Chapitre par *indivis*,
,, ou pour présenter avec le Chapitre,
,, si l'Evêque y a voix pour faire la
,, présentation, & en ce cas la présen-
,, tation du Chapitre nous sera adressée,
,, pour la provision être expédiée en
,, notre nom, en la même forme qu'elle
,, l'est par l'Evêque seul ; notre inten-
,, tion n'étant que d'exercer pendant la
,, vacance des Eglises Métropolitaines
,, & Cathédrales de notre Royaume,
,, les droits de leurs Prélats, en la même
,, forme qu'ils ont accoutumé d'en user
,, à l'égard de leurs Chapitres.

Enfin, le Roi revient à l'exécution pleine & entiere de la régale. „ Sans „ préjudice, dit ce Prince, de notre „ droit de régale, dont nous entendons „ jouir en la même maniere que les „ Rois nos prédéceffeurs & nous l'avons „ fait jufqu'à préfent. „ Cet édit fut vérifié au Parlement de Paris le vingt-quatrieme de Janvier 1682.

Le Roi, dans les collations en régale, a des prérogatives que n'ont pas les Evêques : il n'eft fujet à aucune prévention, il ne fouffre aucune dévolution, parce qu'il n'a aucun fupérieur dans fon domaine, ni dans les droits de fa Couronne; il n'eft point fujet aux réferves des mois des gradués & apoftoliques; il confére en régale les bénéfices fujets aux patronnages eccléfiaftiques, fans la préfentation des Patrons (a).

____

(a) M. le Bref, dans fes décifions de plufieurs queftions notables, l. 5, décif. 1, édit. de 1642,

L'édit de 1682 a fixé la jurisprudence du Royaume sur l'usage de la régale. Le Pere Cerle, élu Grand-Vicaire par le Chapitre de Pamiers, ne voulut jamais s'y soumettre. L'Archevêque de Touloufe fit procéder criminellement contre lui. La sentence fut exécutée en effigie à Touloufe & à Pamiers.

Le Grand-Vicaire erroit dans des déferts, pour échapper aux pourfuites que l'on faifoit contre fa perfonne. Après avoir excommunié ce Prélat, il fe mit fous la protection d'Alexandre VIII, succeffeur d'Innocent XI. Le Pape publia un bref qui caffoit les édits & déclarations faits

---

p. 568, obferve que le Roi tient la place de l'ordinaire, lorfqu'il y a ouverture en régale : *D'autant,* dit ce Magiftrat, *le Roi en cette occafion pourvoit comme l'ordinaire des ordinaires : & de fait on juge tous les jours que le Roi peut admettre des réfignations de bénefices faites* in favorem; *ce qui eft refervé au Pape & dénié à tous les Evéques & Archevéques.*

faits en faveur de la régale ; mais le Parlement de Paris, au mois de Février 1691, rendit un arrêt qui défendoit d'avoir égard à ce bref, & le déclaroit attentatoire & injurieux à l'autorité du Roi.

Les démêlés sur la régale ont obligé le Grand-Aumônier de France, d'exposer à l'Evêque, qui a prêté le serment de fidélité au Roi, les devoirs auxquels il est engagé. En voici la formule.

N... Grand-Aumônier de France, certifions à tous à qui il appartiendra, que cejourd'hui... le Roi entendant la messe dans la Chapelle de son château de.... révérend Pere en Dieu Messire... Evêque de... a prêté à Sa Majesté, en notre présence, le serment de fidélité à elle dû, à cause de sondit Evéché, après que ledit Sieur Evêque a été averti par Sa Majesté, que tous les biens & honneurs temporels dont il vient d'être investi, sont émanés de Sa Majesté, qu'il n'a droit d'en jouir que par forme d'usufruit, que les revenus qu'il en percevra doivent être

Tome II. H

employés à la réparation des Eglises, à l'entretien du Prélat, & au soulagement des pauvres, & qu'il doit avoir soin de faire faire le service divin sous les peines, en cas de négligence & d'inapplication, d'être repris par ses con-Provinciaux, & d'excommunication en cas de récidive suivant le canon septieme du premier Concile d'Orléans ; & que lorsque le Siege épiscopal sera vacant par son décès ou démis-mission, les mêmes fruits & revenus doivent revenir à Sa Majesté suivant le §. 3 du canon 12 du Concile œcuménique de Lyon de l'an 1274.

M. de Seve de Rochechouart, mort Evêque dArras en 1725 ou 1726, n'avoit point prêté le serment de fidélité. Sur cette omission qui fut découverte, le Roi nomma à plusieurs bénéfices de la Cathédrale d'Arras, que l'Evêque défunt avoit conférés. Les bénéficiers à qui la possession triennale ne tint pas lieu de titre, furent dépossédés, & les nommés par le Roi prirent leurs places.

On me permettra d'obferver ici que le Parlement de Paris foutient qu'il n'appartient qu'à lui de déclarer fi la régale a lieu dans un Diocefe, dont le Siege eft vacant, & que cette connoiffance eft de fon reffort privativement aux autres Cours du Royaume (a). La

---

(a) Voici quelques extraits des regiftres du Parlement de Paris, où cette Cour s'attribue la connoiffance de la régale.

La Cour ordonne que la Dame mere du Roi fera fuppliée de fe déporter du pouvoir à elle donné de conférer les bénéfices en régale pendant fa Régence; & ladite Dame en étant priée, s'en défilla le 19 Décembre 1515.

Arrêt donné touchant la régale de l'Evêque d'Angers; & la Cour dit qu'avant la prononciation dudit Arrêt, elle écrira au Roi *pour l'induire à bonne compofition pour les fruits & revenus dudit Evêché échus pendant la régale.* 20 Juin 1523.

Eft fait regiftre de la déclaration faite par le Roi pour la régale dudit Evêché. 30 Juin audit an.

La Cour dit que les matieres de régale doivent être retenues & jugées en la Grand'Chambre. 2 Décembre 1549.

Arrêt touchant une Chanoinie en régale, dont

Chambre des Comptes ne connoît pas du droit de régale, parce qu'elle n'a point de jurisdiction contentieuse; elle ne connoît que des choses qui sont reçues & employées dans les comptes rendus à Sa Majesté; tels sont les fruits qui proviennent des régales. Si le Roi déchargeoit quelques Eglises du droit de

---

il est dit que la connoissance appartient à la Cour *privativement à tous autres.* 2 Décembre 1558.

L'Evêque d'Autun obtient un arrêt contre le Cardinal de Ferrare, touchant la régale de l'Archevêché de Lyon. 27 Avril 1564.

Sur une évocation au Conseil en fait de régale, le 16 Juin 1572, les Gens du Roi ont dit qu'elle ne pouvoit avoir lieu, & que toutes régales doivent être jugées au Parlement de Paris.

Il semble que les autres Cours souveraines ne sont pas d'accord sur ce point avec celle de Paris; un Arrêt rendu en 1512 par celle de Rouen, fait voir qu'elles en a pris connoissance; & le Parlement de Provence dans, un réglement de justice, s'est aussi attribué le droit de connoître de la régale dans son ressort *Néanmoins,* dit M. de Marillac, *l'usage est qu'aujourd'hui le Parlement de Paris en connoît seul*[*].

* Mém. de Marill. Mss. de Ste. Genev. p. 36.

régale pour cauſe d'échange à titre onéreux ou autrement, la Chambre des
Comptes prononceroit comme elle a
déja dit : *Le Roi n'a rien dans les ré-*
gales d'une telle Egliſe ou d'une telle Pro-
vince.

Il faut encore obſerver que le Roi ne
nomme point aux bénéfices ſimples des
Abbayes vacantes en régale, lorſque le
Siege du Dioceſe eſt pourvu d'un Evêque;
mais on croit que S. M. a droit de les conférer, lorſque ce Siege eſt vacant. Néanmoins les Canoniſtes ne ſont pas d'accord ſur ce point de juriſprudence. Voyez
ſur cette matiere Mrs. Gibert & d'Hericourt, qui l'ont traitée ; le premier dans
ſes Inſtitutions eccléſ. & bénéficiales,
part. 2, tit. 118 & 119; l'autre dans
les Loix eccléſ. de France, partie 2,
ch. 5, maxime 34.

SECTION II.

Du Droit de Joyeux Avénement.

LEs anti-Régalistes cherchoient à obscurcir & à dénaturer tous les droits de nomination Royale. Les plus éclairés d'entre eux sentoient bien, que comme ces droits découlent tous d'une source commune, ils doivent se prêter des secours mutuels.

On commença sous Henri II par enlever au Parlement la connoissance de tous les procès mus pour bénéfices de la nomination Royale, *autres que ceux qui vaquent en régale*, & cette connoissance fut attribuée au Grand-Conseil par édit du mois Septembre 1552.

Ce premier pas étant fait, on tâcha de persuader, sous Charles IX, que le droit de joyeux avénement n'est qu'une grace expectative accordée au Roi par le Saint Siege , & on fit rendre en 1571 une déclaration qui en mettant ce droit au rang des droits Royaux , de cette époque feulement , fuppofe qu'il n'avoit pas ce caractere au paravant.

Pendant les troubles de la ligue , le Parlement féant à Tours , qui défendoit autant le droit d'Henri IV au Trône , que les prérogatives de la Couronne , crut, avec raifon, que l'attribution faite au Grand-Confeil étoit une de ces fur- prifes faites à l'autorité , contre lefquel- les les fiecles à venir ont toujours droit de réclamer , & ne fit aucune difficulté de connoître du droit de joyeux avéne- ment, nonobftant l'attribution faite au Grand-Confeil en 1552. Louet en rap- porte un arrêt de l'année 1591 , dans lequel M. de la Guefle avoit été rappor- teur. * Mais fous le miniftere du Cardi- nal Mazarin , l'abus fe raffermit , & de- puis on a foutenu que ce n'eft qu'en 1646 que le droit de joyeux avénement a été fixé par un arrêt du Grand-Con-

* Louet, L. p. ch. 6, t. 2, p. 207.

feil , portant enrégiftrement d'une déclaration donnée à ce fujet en la même année pendant la minorité de Louis XIV.

Le droit de joyeux avénement eft compris fous la dénomination générale de *Regalia* , *Régales* , ou *Régaliens* , dont le Concile de Latran , tenu en 1122 , a qualifié tous les droits que les Souverains ont à exercer dans la collation des bénéfices.

Avant cette époque , on ne trouve aucune application de la jouiffance des fruits des Evêchés vacants en Allemagne , au profit du Souverain. Le nom même de *Régales* étoit inconnu. Les revenus d'une Eglife vacante étoient confervés au fucceffeur , comme nous l'apprenons de Gerbert , Archevêque de Reims , Préepteur de l'Empereur Otton III. * En effet , fi les Princes euffent été maîtres des revenus des Evêchés vacants , Grégoire VII , fi jaloux des immunités eccléfiaftiques , n'auroit pas manqué de s'élever contre cet ufage ,

* Epître 118, adreffée à fon Clergé.

comme il s'eſt élevé contre les inveſtitures des Evêchés, que les Princes laïcs
étoient en poſſeſſion de donner. L'accord que fit en 1122 Calixte II avec
l'Empereur Henri V ſur les inveſtitures,
ſemble être l'origine du droit, dont ce
Prince & ſes ſucceſſeurs ont uſé depuis,
en appliquant à leur profit les revenus
des Egliſes ſans Evêques. Le Pape, en
laiſſant à l'Empereur le pouvoir de donner aux Evêques & aux Abbés l'inveſ-
titure *par le ſceptre*, ne s'oppoſa point à
ce que les devoirs, auxquels les fiefs
ſont aſſujettis envers leurs Seigneurs,
ou Suzerains, lui fuſſent rendus, *& quæ*
ex regalibus jure tibi & faciat Epiſcopus.
Or, par les loix des fiefs, le Seigneur
jouiſſoit des revenus féodaux, après la
mort du vaſſal, juſqu'à ce que le ſucceſſeur eût été inveſti, & eût prêté la
foi & hommage. C'eſt ainſi que les Empereurs d'Allemagne introduiſirent cette
jouiſſance à l'égard des fiefs & des biens
temporels des Evêchés, à laquelle Fré-

deric II renonça enfuite, en cédant aux
Eglifes le mobilier que les Prélats laif-
foient après leur mort *.

* Quedlimd.
antiq. p. 217.

Le mot *régales* ou *regalia* étoit donc
un terme générique qui comprenoit toutes efpeces de droits royaux dans la no
mination & collation des bénéfices. Une
preuve que le droit de joyeux avénement étoit compris fous le nom de *régales*, c'eft que les Empereurs d'Allemagne ont continué, malgré la renoncia-
tion faite par Fréderic II, de difpofer
dans chaque Chapitre de la premiere
place vacante depuis leur avénement à
la Couronne. Ce droit eft vifiblement
régalien & féodal, comme celui de difpofer des revenus des bénéfices vacants;
car par les loix des fiefs, le Seigneur a
des droits & des devoirs à exiger, non-
feulement à caufe de la vacance du fief,
mais encore à caufe de la mutation du
Seigneur. Ce droit de *joyeux avénement*
à été appellé en Allemagne le droit *de
premieres prieres*. Vainement la Cour de

Rome a-t-elle prétendu dans des temps de troubles que les Empereurs n'exercent ce droit qu'en vertu d'un privilege. Les Etats Germaniques, dans la paix d'Osnabruck, ont positivement déclaré que les Empereurs doivent sans contestation jouir du droit *de premieres prieres*, non-seulement dans les Chapitres qui relevent immédiatement de l'Empire, mais encore dans ceux qui en dépendent médiatement, & dans lesquels ils auroient été en possession de ce droit en 1624.

Il est donc visible que comme les Rois de France ont joui de ce qu'on appelle proprement *régale* dans ce Royaume, au même titre que les Empereurs d'Allemagne, il est visible, dis-je, qu'ils doivent jouir du droit de *joyeux avénement*, au même titre que ceux-ci jouissent du droit de *premieres prieres*.

Si l'on devoit juger de la nature de ce droit auguste par les limitations que la jurisprudence du Grand-Conseil lui a données, ce ne seroit plus qu'une expectative inférieure aux indults des Papes, & restreinte à un petit nombre de bénéfices , sujet au droit de dévolut & de dévolution, soumis par conséquent à la jurisdiction ecclésiastique ; car l'Eglise est le juge naturel de l'interprétation des privileges qu'elle accorde.

Achokier, qui a donné un petit traité sur le droit de *premieres prieres*, * avoit soutenu la même chose par rapport à ce droit; mais tout l'Empire s'est élevé contre cette précaution, & a soutenu que ce droit est une collation qui appartient à l'Empereur *jure Coronæ*, qu'il confere en vertu de ce droit *jure optimo maximo* , & avec les mêmes prérogatives que le Pape lui-même ; que son droit , à cet égard, est antérieur à tous les droits canoniques , *ante omnia jura canonica.*

L'Empereur Rodolphe I exerçant le droit de premieres prieres en 1273 , déclara que ce droit appartient à sa Couronne en vertu d'un usage dont l'origine

* Scholia *in primar. preces.*

fe perd. Les brevets de premieres prieres ont toujours porté la claufe *irritante* de
toutes collations faites au préjudice des
précifles ; & ce droit s'eft toujours étendu fur toutes les Eglifes indiftinctement,
à la réferve feulement de celles qui en
ont obtenu des diplômes d'exemption
des Empereurs eux-mêmes, ou qui en
font affranchies par une poffeffion immé-
moriale du Sceau des Empereurs ; ce
qui forme un confentement tacite de
leur part. On n'en excepte pas même les Eglifes qui font en patronnage
laïc.

Il eft d'autant plus intéreffant de prou-
ver ces faits par des exemples pris dans
une Province qui eft à préfent de la domination du Roi, que les principes qui
ont donné lieu aux décifions qui y font
intervenues, doivent naturellement s'appliquer au droit de *joyeux avénement,*
qui, dans fa fource, eft abfolument le
même que celui de *premieres prieres.*

EXEMPLE pris dans le grand-Chœur de l'Eglife de Strafbourg.

IL y a dans l'Eglife de Strasbourg deux ordres de Bénéficiers; l'un compofé de Chanoines appellés vulgairement *grands Comtes*, dont le College porte le nom de *Grand-Chapitre.* C'eft peut-être le plus illuftre Chapitre de l'Europe : fon établiffement ne remonte cependant qu'au commencement du onzieme fiecle. L'autre eft un College de Bénéficiers, appellé *grand-Chœur*, dont l'établiffement eft antérieur de quatre fiecles au *grand-Chapitre.* Cependant celui-ci prétendit être en droit de pourvoir en tout temps & par toutes fortes de vacances, à tous les bénéfices de fon Eglife. Cette prétention donna lieu à une conteftation, fur une réfignation *en faveur*, faite par un des membres du grand-Chœur, fur laquelle il avoit été obtenu des provifions en Cour de Rome. Cette conteftation dont l'objet étoit de vérifier si les prébendes du *grand-Chœur* font des bénéfices fufceptibles de réfignation, ou feulement des places purement à la difpofition du *grand-Chapitre*, d'où dépendoit vifiblement la queftion relative au droit de *premieres prieres*, fut portée au Confeil fupérieur d'Alface.

Dans le cours de l'inftance, le grand-Chœur prouva par des actes multipliés, qu'avant le concordat Germanique, les mandats & les expectatives avoient eu lieu dans cette Eglife, comme dans toutes les Eglifes d'Allemagne; que ce concordat y a depuis fait loi lui-même; que, par conféquent, les réferves accordées au Pape par ce traité, excluoient indubitablement le prétendu droit du grand-Chapitre. Pour fortifier cette preuve, on juftifia de la part du grand-Chœur, que depuis l'Empereur Maximilien I jufqu'à Ferdinand III inclufivement, c'eftà-dire dans l'efpace de deux fiecles, les Empereurs ont exercé le droit *de premie-*

res prieres dans l'Eglise de Strasbourg.
On ajouta que si postérieurement à Ferdinand III on ne produisoit pas des actes possessoires en faveur de ce droit, la raison en étoit, que les regiftres de cette Cathédrale , comme la plupart de ceux des autres Eglifes de Strasbourg, avoient été diffipés dans le temps que les Magiftrats de cette Ville ont chaffé tous ceux qui perfévéroient dans l'ancienne Religion, & fur-tout les Eccléfiaftiques; que même plufieurs des Chanoines-Comtes ayant embraffé le Luthéranifme , fe font faifis des archives du grand-Chœur , & en font demeurés en poffeffion depuis l'an 1568 jufqu'au traité d'Haguenau conclu en 1604; que comme ces Chanoines avoient en vue de rendre leurs bénéfices héréditaires dans leurs maifons , ils fentoient que le droit de *premieres prieres* appartenant à l'Empereur, pourroit être un obftacle à leur deffein ; qu'ainfi ils ont fupprimé & fouftrait un grand nombre d'actes & de
pieces

pieces qui pouvoient leur être con-
traires.

Le Conseil supérieur d'Alsace ayant
par son arrêt du mois de Février 1720,
jugé que les prébendes du grand-Chœur
sont susceptibles de résignation , M.
d'Angervillers, alors Intendant d'Alsace, reçut ordre de se faire représenter les
titres servants à faire connoître si le Roi,
comme étant par les traités aux droits de
l'Empereur dans cette Province, peut
exercer le droit de *premieres prieres* dans
l'Eglise de Strasbourg.

Les moyens du grand-Chapitre, pour
s'y soustraire, étoient de dire 1°. que
lorsque Louis XIV s'est mis en possession du droit de premieres prieres sur
les Eglises d'Alsace, la Cathédrale de
Strasbourg fut exceptée ; ce qu'on ne
peut présumer être arrivé par oubli ; les
Commissaires chargés d'indiquer les Eglises sujettes à ce droit, étant trop éclairés
pour avoir fait une pareille omission sans
cause ; 2°. que le Roi Louis XV, à son

avénement à la Couronne, a pareillement exercé le droit de premieres prieres dans toutes les Eglifes d'Alface, hors
la Cathédrale de Strasbourg ; 3°. que
le traité de paix d'Ofnabruck , art. 91 ,
§. 181 , porte que les Empereurs pourront exercer le droit de premieres prieres
dans les Eglifes où ils l'ont exercé auparavant ; qu'ainfi le droit n'ayant point
été conftamment exercé par les Empereurs dans la Cathédrale de Strasbourg ,
cette Eglife doit en être exempte ; 4°.
que fuppofé qu'on prouve que les Empereurs euffent accordé fur cette Eglife
des brevets de premieres prieres , au
moins ne pourroit-on pas faire voir que
les pourvus euffent été mis en poffeffion ;
5°. enfin , que du vivant de Louis XIV ,
il étoit arrivé dans l'Eglife de Strasbourg
un cas à peu près femblable , puifqu'on
prétendoit que les Empereurs avoient
eu droit de nommer à une prébende ap-
pellée la prébende du *Roi du Chœur* fondée par l'Empereur Saint Henri, & qu'on

rapportoit pour cet effet plufieurs nominations faites par les Empereurs ; mais
que le grand-Chapitre ayant prouvé
qu'aucun des pourvus n'avoit été mis
en poffeffion, le Roi s'eft défifté de fa
prétention à cet égard.

A quoi il fut répondu , 1°. que par
un extrait tiré des archives impériales
& expédié par le Regiftrateur, il eft prouvé que depuis l'Empereur Maximilien I
jufqu'au traité de Munfter , fans inter-
ruption , les Empereurs ont exercé le
droit de premieres prieres dans la Cathédrale de Strasbourg ; 2°. que vers
l'an 1541 , Ferdinand I accorda fa nomination à Gafpard Bufck , qui en a
joui près de 40 ans, fait prouvé par l'extrait d'un procès-verbal & d'un décompte
qui commence à l'année 1542, & finit
à l'an 1588 ; 3°. que l'article 5 du traité
d'Ofnabruck fait contre le grand-Chapitre lui-même , puifqu'il eft juftifié que
les Empereurs ont nommé en vertu de
leur droit de premieres prieres à des

bénéfices de la Cathédrale de Strasbourg, & que les pourvus ont joui; 4º. qu'il eft conftant qu'en vertu des traités, tous les droits régaliens ont été cédés au Roi en Alface : qu'il eft bien vrai, que S. M. n'y a exercé le droit de premieres prieres que depuis le traité de Ruifwick; mais que fi le Roi ne l'exerça pas d'abord dans la Cathédrale de Strasbourg, ce fut parce que le grand-Chapitre s'engagea pour lors à juftifier que cette Eglife en étoit exempte; qu'en tout cas cette obmiffion ne pouvoit nuire au Roi, qui, depuis fon avénement à la Couronne, a repris fon droit à l'égard des Eglifes de Wiffembourg, de Landau, de Saint-Thomas de Strasbourg, où S. M. avoit obmis pareillement de l'exercer, & qui, n'ont fait aucune difficulté de le reconnoître; 5º. enfin, quant à ce qui regarde la prébende *du Roi du Chœur*, il eft conftant qu'elle a été fondée par l'Empereur Saint Henri, lequel s'eft réfervé & à fes fucceffeurs le droit d'y nommer; qu'ils y ont en effet nommé pendant plusieurs siecles; & que si le pourvu par le Roi a abandonné son droit, c'est parce qu'il n'a pas voulu soutenir un procès dispendieux contre un corps puissant, pour un bénéfice depouillé depuis long-temps de ses plus beaux droits; mais qu'on n'en pouvoit rien conclure de préjudiciable pour ceux du Roi.

Le procès-verbal de M. d'Angervillers contenant les moyens respectifs des parties, porte que tout le droit étant du côté du Roi, il étoit intéressant dans les circonstances de l'exercer. Il fut expédié un brevet de premieres prieres, au profit de l'Abbé de Bergeret. Celui-ci ayant peu après été pourvu d'une prébende à la nomination d'un des Chanoines-Comtes, rendit par complaisance pour le grand-Chapitre le brevet qui lui avoit été accordé: sur quoi il fut observé au Roi, qu'il étoit important que son droit ne fût point négligé; & il fut expédié un nouveau brevet pour l'Abbé Baulez, qui fut mis en possession.

Exemple pris dans les Eglises Collégiales d'Alface.

LE feu Roi a exercé le droit de
premieres prieres fans aucune oppofi-
tion fur toutes les Eglifes Collégiales
de la Province d'Alface, fans excep-
ter l'Eglife Luthérienne de Saint-Thomas de la Ville de Strasbourg.

Il y a pourtant eu une difficulté au
fujet de la Collégiale de la Ville de
Colmar. On foutenoit que pour qu'un
collateur ordinaire foit foumis au droit
de premieres prieres, il faut qu'il ait
au moins à fa difpofition quatre bénéfices dans la même Eglife.

L'Eglife de Colmar eft compofée de
quatre Chanoines réfidents feulement;
elle eft du patronnage & de la fondation des Abbés de Munfter, qui font
Curés primitifs de la Ville de Colmar.
Par le titre de la fondation, le patron
s'eft réfervé la nomination au premier

canonicat vacant après son élection.
Ce titre est de l'an 1237. Cette Eglise
est chargée des fonctions paroissiales,
qui sont remplies par les Chanoines,
sous la direction du Prévôt, ou du
Doyen ; les droits de l'Etole se parta-
gent entre eux.

Mais outre les quatre Chanoines résidents & participants aux fruits, &
qui sont tous dignitaires, (savoir le
Prévôt, le Doyen, le Chantre & l'E-
colâtre) il y en a quatre autres purement titulaires, & non - résidents,
n'ayant que l'expectative de succéder
aux prébendes, à mesure qu'elles vien-
nent à vaquer.

Peu de temps après l'avénement du
feu Roi à la Couronne, l'Abbé le Fevre
obtint un brevet de premieres prieres
pour le premier canonicat qui viendroit
à vaquer dans l'Eglise de Colmar ; ce
brevet fut notifié au Chapitre.

Quelques jours après, un autre Ec-
cléfiastique préfenta au Chapitre un

brevet de nomination de l'Abbé de Munster, aussi pour le premier canonicat vacant. Dans cet état, un des Chanoines étant venu à décéder, le Chapitre préféra le nominataire de l'Abbé de Munster au brévetaire du Roi.

Celui-ci se pourvut pardevant le Grand-Vicaire de l'Evêque diocésain, qui est celui de Bâle; y ayant eu un refus, il eut recours au Métropolitain, qui lui donna son admission, & ordonna qu'il seroit mis en possession, ce qui fut exécuté par un Ecclésiastique voisin.

Le nominataire de l'Abbé de Munster y ayant formé opposition, il y eut une instance liée au Conseil supérieur d'Alsace.

Sur le compte qui fut rendu de cette affaire à M. le Régent, le Procureur-général du Conseil supérieur d'Alsace reçut ordre d'envoyer un mémoire instructif, duquel il résultoit, 1º. quant à la forme, que le brévetaire du Roi n'avoit fait fignifier fon brevet qu'au Doyen, parlant à une fervante, au-lieu qu'il auroit dû le faire fignifier au Chapitre, en la perfonne de fon Greffier; 2°. quant au fond, que l'Abbé de Munfter, en fa qualité de fondateur, avoit droit de nommer à la premiere prébende qui vient à vaquer après fon élection ; que les Empereurs l'ont laiffé jouir de ce droit, fans l'y troubler par leur droit de premieres prieres, qu'ils n'exercent que fur les collateurs qui ont plus de quatre bénéfices à conférer dans la même Eglife. Le Roi ne jugea pas à propos de foutenir fon brévetaire ; & la caufe ne fut point examinée ni difcutée dans les grands principes, favoir, fi le Roi, comme patron primitif, ne devoit pas être préféré à un patron Eccléfiaftique ; fi le brévetaire du Roi, ayant requis le bénéfice le premier, ne devoit pas être préféré au nominataire de l'Abbé de Munfter, &c.

*EXEMPLE pris dans une Eglise en pa-
tronnage laïc.*

TOut le Monde fait combien le caufe
des patrons laïcs eft favorable ; la regle 40 de la Chancellerie Romaine,
laquelle eft d'Innocent VIII , & reçue
en France, porte qu'il ne fera expédié aucunes provifions pour bénéfices
en patronnage laïc, fi ce n'eft du confentement des patrons, hors le cas de
la légitime dévolution. En France, le
Parlement a même jugé par un arrêt du
dernier Juin 1642, que l'ouverture en
régale n'empêche le patron laïc d'ufer
de fes quatre mois pour préfenter. Par
autre arrêt du 24 Avril 1651, cette
Cour a jugé qu'une Cure en patronnage laïc, étant réfignée en Cour de
Rome, fans le confentement du patron,
vaque par nullité de réfignation , &
que même il n'y a pas lieu au *régrés*
pour le réfignant. Plufieurs autres arrêts

ont jugé, que l'on ne peut réfigner un bénéfice en patronnage laïc, même pour caufe de permutation, *fpreto patrono.* *

La faveur qu'a trouvée par-tout le droit des patrons laïcs, a fait douter quelques Ecrivains fi le droit de *premieres prieres* ou de *joyeux avénement* devoit lui être préferé. La queftion a été agitée en Alface, depuis la réunion de cette Province à la Couronne de France, dans l'efpece que voici.

Il y avoit anciennement dans la Ville de Strasbourg un Oratoire dépendant du Monaftere de tous les Saints, de l'Ordre des Prémontrés, fitué dans la Forêt noire. En l'année 1327, un Gentilhomme de Strasbourg, nommé Henri de Mullenheim, achéta cet Oratoire, & y fonda cinq prébendes.

En l'année 1355, Walter de Mullenheim, fon fils, augmenta cette fondation de fept autres prébendes, ce qui fit douze en tout; & les chofes font encore aujourd'hui au même état.

Une des claufes les plus effentielles de la fondation, eft que le droit de patronnage & de nomination à ces douze prébendes, appartiendra à l'aîné de la famille de Mullenheim. La fondation porte encore que cette Eglife ne pourra jamais être érigée en Collégiale, & que ceux qui feront pourvus de ces prébendes, prendront l'inveftiture du Doyen de l'Eglife Collégiale de Saint-Pierre le Jeune de la même Ville.

On repréfenta au Roi, après la reddition de la Ville de Strasbourg, qu'il étoit intéreffant de ne pas négliger l'exercice du droit de premieres prieres dans cette Eglife, afin de prévenir dans la fuite des temps toute difficulté avec le patron.

Pour juftifier d'autant mieux le droit du Roi à cet égard, on produifit la copie d'un brevet accordé par l'Empereur Maximilien I à Jean Wolff, le dernier Mars 1507, pour la premiere prébende vacante dans l'Eglise de la Touſſaints de la Ville de Strasbourg.

M. de Marville, Secretaire d'Etat, ayant le département de la Province, fut chargé, le 25 Février 1724, d'informer l'Intendant de la Province, que le Roi ayant fait examiner la queſtion dans ſon Conſeil eccléſiaſtique, il ne l'avoit pas trouvée accompagnée de tous les éclairciſſements qu'il deſiroit avoir, pour fonder ſon droit; que la difficulté ſe réduiſoit à trois points principaux, 1º. que les douze prebendes de la Touſſaints ſont à la nomination d'un patron laïc; 2º. que le Roi n'étend le joyeux avénement que juſqu'aux Egliſes Collégiales; & que l'Egliſe de la Touſſaints, par le titre même de ſa fondation, ne ſauroit être érigée en Collégiale; 3º. que le brévet de l'Empereur Maximilien I ne ſuffit pas, puiſqu'il n'étoit pas juſtifié qu'il eût eu ſon exécution, ni que ſes ſucceſſeurs en ayent accordés de semblables : que pour ces considérations, il avoit été décidé au Conseil ecclésiastique, qu'il seroit sursis de la part du Roi à l'exercice de son droit de *premieres prieres* sur les prébendes de l'Eglise de la Toussaints de la Ville de Strasbourg, jusqu'à ce que la demande ait été communiquée au patron fondateur, & qu'il eût été dressé procès-verbal de ses réponses.

M. d'Angervillers, chargé de la rédaction de ce procès-verbal, eut la preuve de la prise de possession du brévetaire de l'Empereur Maximilien I, & observa que si on n'avoit pas pu découvrir l'admission réelle de ce brévetaire, c'est que les registres de cette Eglise avoient été dissipés durant les troubles de Religion ; que le patron lui-même avoit embrassé le Luthéranisme, & que ce n'est que depuis peu que ceux de cette famille font rentrés dans la Communion Romaine ; que tous les biens ecclésiasti-

ques de la Ville de Strasbourg ayant
été occupés par les Magiftrats de cette
Ville, perfonne ne s'étoit avifé de demander aux Empereurs fucceffeurs de
Maximilien I, des brevets de premieres prieres, ni pour l'Eglife en queftion, ni pour aucune de celles de la
même Ville; que fi quelques Docteurs
prétendent que le droit de premieres
prieres ne doit pas avoir lieu en patronnage laïc, l'affirmative eft foutenue par les Jurifconfultes les plus célebres; que des exemples pofitifs là-
deffus, pris des Eglifes d'Allemagne,
feroient fans doute d'un grand poids;
mais que cette recherche eft de la
plus grande difficulté, parce qu'on
tient pour principe dans cette matiere, que pour qu'un collateur ordinaire
foit foumis au droit de premieres prieres, il faut qu'il ait au moins à fa difpofition quatre bénéfices dans la même
Eglife; ce qui ne fe rencontre guere
en fait de patronnage laïc.

A ces obfervations, M. d'Angervillers auroit pu ajouter les réflexions
fuivantes.

Le patronnage laïc eft une véritable fervitude, *non odieufe à la vérité,*
dit M. d'Agueffeau, *mais fondée, au
contraire, fur un   re favorable,* qui
eft une reconnoiffance jufte de la part
de l'Eglife pour fes bienfaiſteurs.

Le patronnage eft, l'un *réel,* c'eft-
à-dire patrimonial & héréditaire, à
raifon du fonds auquel il eft attaché;
l'autre, *perfonnel.* Il paroit que ce dernier a précédé l'autre; nous ne voyons
pas que ni les loix civiles, ni les
loix canoniques, faffent mention d'un
patronnage réel, lequel paffe à l'ache-
teur du fonds par droit d'acceffion.

Le patronnage perfonnel ne peut
être vendu comme une chofe ou un
droit réel; il ne peut même être tranf-
porté à titre purement gratuit : cela
a été jugé par un arrêt du Parlement
du 5 Mars 1699, rendu fur les conclu-
fions

sions de M. d'Aguesseau, lors Avocat-général. Les motifs de cet arrêt sont amplement expliqués dans le Tome IV de ses Œuvres, p. 548. Les uns touchent à l'essence même du patronnage personnel, qui est présumé accordé à une seule famille; ce qui renferme la défense tacite d'en disposer au profit d'un étranger : les autres sont pris dans l'intérêt même de l'Eglise, qui ne souffre point, tant que les descendants de son fondateur exercent le droit qu'ils ont si justement acquis, mais qui commenceroit à s'appercevoir que le patronnage est une charge, une véritable servitude, dès qu'il passeroit en des mains étrangeres.

Mais ni le patronnage personnel, ni le réel n'approchent encore de la collation laïque. » Dans le patronnage, » dit encore M. d'Aguesseau, le choix » n'est qu'une présentation qui dépend » ensuite du jugement du collateur ec- » clésiastique. Dans la collation, c'est

» un choix abfolu, qui n'eſt ſoumis à
» la cenſure de perſonne. Dans l'un,
» le patron ne donne qu'une diſpoſition
» à être pourvu ; dans l'autre, le col-
» lateur donne le titre & les provi-
» ſions même. Dans l'un, ſans difficulté,
» le bénéfice *eſt verè & merè ecclefiaſ-*
» *ticum ;* & tout ce que le patronnage
» y ajoute, c'eſt une eſpece de ſervi-
» tude que l'Egliſe reconnoît, mais qui
» ne change point la nature du béné-
» fice ; elle ajoute, ſans détruire ; ainſi
» le bénéfice demeure toujours ſoumis
» à la puiſſance eccléſiaſtique : dans l'au-
» tre, le bénéfice eſt plus laïc qu'ec-
» cléſiaſtique, parce que la collation
» appartient au laïc, & la qualité de
» collateur influe ſur le bénéfice ; l'E-
» gliſe ne donne rien au titulaire, il
» reçoit tout de la main du Seigneur
» temporel.

Delà il réſulte, que le droit de dévolution ne ſauroit avoir lieu pour un
bénéfice dont la collation appartient à

un laïc, & que les proviſions qui ſeroient accordées par la Cour de Rome
pour un bénéfice de cette nature, même après l'expiration des quatre mois,
que la Chancellerie de Rome accorde
aux patrons laïcs, ſeroient cenſées venir *à non habente poteſtatem.*

Les Ultramontains prétendent que
les collations laïques ſont des abus que
l'on tolere plus qu'on ne les approuve,
ou en tout cas qu'elles ne peuvent être
conſidérées que comme des privileges
accordés par l'Egliſe, dans leſquels
ceux qui en jouiſſent ſont cenſés conférer *loco Epiſcopi, aut ordinarii col-
latoris.*

Mais on n'admet point ces prétentions en France *, où l'on tient que
la collation d'un bénéfice de cette eſpece n'eſt pas véritablement un titre
eccléſiaſtique, qu'elle ne ſe défere pas
dans aucun ordre qui approche de la
hiérarchie; la poſſeſſion ſeule de la terre
ſuffit pour attribuer le droit de le con-

* Coquille
ſur l'art. 50,
titre des fiefs,
cout. de Ni-
vernois.

férer, les coutumes en disposent comme d'un droit patrimonial, plusieurs le déferent au Seigneur dominant pendant la saisie féodale; enfin, dans aucun temps, les Ecclésiastiques en France, n'ont demandé à être juges des bénéfices dépendants d'une collation laïque, * parce qu'ils ont toujours avoué, que des bénéfices qui dépendent absolument des Seigneurs temporels, ne sont point sujets au dévolut ni à la dévolution. Dans le cas seulement où un collateur laïc choisiroit un sujet indigne, l'Evêque auroit le droit de l'écarter par la suspense ou l'interdiction, & forcer par-là le collateur à en nommer un autre; car la police des mœurs, & la discipline dont l'Eglise ne sauroit être dépouillée, est indépendante de la collation. Dans le cas encore où le collateur laïc seroit négligent de pourvoir, alors l'Evêque pourroit lui faire des sommations, avertir les Officiers du Roi, exciter le Ministere public, en un mot, *pourroit tout*, dit M. d'A-guesseau, *hors conférer le bénéfice.*

D'après ces maximes, le droit de *premieres prieres* est visiblement, non un simple patronnage, encore moins un privilege, mais une véritable *collation* ; jamais il n'a été soumis au *dévolut* ni à la *dévolution*, (a) parce qu'il dérive de la temporalité, du domaine direct, ou de la propriété primitive qui appartient à la Couronne sur toutes les terres bénéficiales.

Ces maximes sont si constantes, que nous voyons dans un savant plaidoyer de M. Bignon, que par le titre de la fondation de la Chapelle de Valogne, les Seigneurs de ce lieu s'étoient ré-

____

(a) On est dit *jetter un dévolut*, lorsqu'on demande des provisions d'un bénéfice, sur l'incapacité du titulaire actuel. La *dévolution* a lieu lorsque le collateur ordinaire n'ayant pas conféré dans le temps fixé par les regles de Chancellerie, son droit passe à son supérieur immédiat dans l'ordre de la hiérarchie.

fervé le droit d'y nommer & d'y pour-voir, *moyennant que le Roi de Navarre, leur Seigneur direct & dominant, y prê-teroit fon confentement, finon que la no-mination appartiendroit au Curé du lieu.* Celui-ci fut mis en poffeffion du droit, par le feul défaut du confentement prêté par le Roi de Navarre. (*a*).

Combien ce droit augufte de col-lation que le Roi a à exercer à caufe de fon avénement à la Couronne, & qu'on appelle en Allemagne *de pre-mieres prieres*, n'a-t-il pas été défigu-ré par la Jurifprudence incertaine du Grand-Confeil ? On lui difpute fon an-tiquité & la nobleffe de fon origine; on lui préfere les indults des Papes, qui font antérieurs à l'arrêt du Grand-Confeil qui a enregiftré la déclaration

______

(*a*) Voy. ce plaidoyer dans l'hiftoire de l'Univer-fité, par du Boulay, t. 4, p. 924, & dans le troi-fieme tome du Journal des Audiences, édition 1733, L. 4, à la fuite du chap. 14.

de 1646 ; on lui refuſe la clauſe *irri-tante*, ce qui le ſoumet indirectement au dévolut & à la dévolution ; enfin, on en affranchit une infinité d'Egliſes, notamment celles qui ſont en patron-nage laïc & les Collégiales.

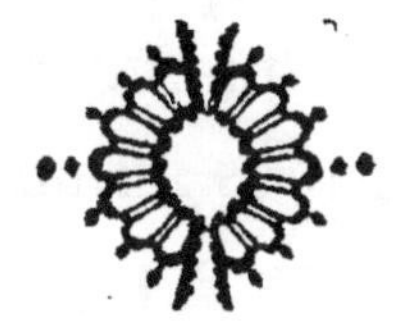

SECTION III.

Du Serment fait au Roi par les Prélats.

LE ferment eft une derniere reffour-
ce pour finir les conteftations, pour
s'affurer du cœur des hommes, & pour
fixer les doutes que l'inconftance &
la mauvaife foi peuvent faire naître.

Les Rois Francs, maîtres des Gaules, crurent, avec raifon, qu'il étoit
de leur intérêt, que les Evêques,
dont l'autorité étoit grande dans la Religion & dans l'Etat, leur fuffent fideles, & qu'on n'en choifît aucun qui pût
leur être fufpect. Cette attention de
leur part étoit fondée fur l'équité, comme fur la politique.

Le Prince avoit plus de droit que le
peuple, qu'on ne lui donnât pas un
Evêque malgré lui. Clovis & fes fuc-

cesseurs avoient laissé aux Gaulois les loix & les usages qu'ils observoient sous les Romains. Or, les Gaulois, sous le gouvernement des Empereurs, choisissoient assez souvent les Evêques pour être les arbitres de leurs différends ; ils continuerent de suivre cet usage sous le regne des Francs : ainsi les Princes devoient s'assurer des dispositions des Evêques, à l'égard du Gouvernement & de l'administration de la justice. Ils étoient en grande considération à la Cour du Roi Gontram. Ce Prince, mécontent des Généraux qu'il avoit chargés de faire la guerre aux Visigots, leur donna quatre Evêques pour juger une affaire purement militaire, & il leur associa des Seigneurs laïcs *. Le même Gontram, & son frere Sigebert, Roi d'Austrasie, étant près d'en venir à une bataille, remirent leur différend à l'arbitrage des Evêques & des principaux Seigneurs de la nation.

Tant de confiance de la part des

* Greg. Turon. l. 8, n. 30.

Souverains dans les Evêques, exigeoit,
sans doute, qu'ils prissent des précautions pour s'assurer de leur fidélité;
& ils eurent recours au serment. Néanmoins les anciens Evêques ont fait
difficulté de le prêter. „ Saint Eloy,
» dit l'Abbé de Vertot, sollicité par
» Dagobert de l'assurer de sa *fidélité*
» par un serment sur les reliques,
» s'en défendit avec autant de fermeté
» que de modestie : le Roi cessa de
» le presser; & Saint Ouen, Auteur
» de sa vie, nous apprend que ce
» Prince protesta qu'il auroit plus de
» créance en lui pour avoir évité le
» jurement, que s'il avoit fait les ser-
» ments les plus solemnels *.

» Quoique les Francs prétendent,
» dit Grégoire de Tours, qu'on doit
» au Roi le serment, il est cependant
„ contraire aux canons * ». Aussi
plusieurs Auteurs modernes ont soutenu
que les Evêques du sixieme & du
septieme siecle ne prêtoient point le

* Mém. de littérat. t. 2, p. 709.

* Greg. Tur. l. 6, n. 46.

ferment aux Monarques Mérovingiens. Les Diplomatistes assurent que nos Souverains, avant le 9e. siecle, n'exigeoient point des Evêques le serment de fidélité *. Ce qu'on y dit avec assurance, est contraire à la vérité de l'histoire.

* Diplom. t. 1, in-4°. p. 280,

On trouve dans le 3e. tome de la Bibliotheque des Peres, des Lettres de Didier, Evêque de Cahors, qui écrivant aux Rois Sigebert & Dagobert, se dit *Evêque par leur grace*, & prend la qualité de leur *fidele : Desiderius vester fidelis* *. Saint Léger, Evêque d'Autun, sollicité de reconnoître, en 685, Clovis II pour son Souverain, au préjudice de Thierry, Roi de Bourgogne, protesta que, pendant qu'il vivroit, il ne violeroit point la promesse qu'il avoit faite devant Dieu à ce Prince : *Non mutabor à fide quam Theodorico promisi coràm Deo conservare.* *.

* Mém. de Littérat. t. 2, p. 709.

* Du Chesne t. 1, p. 876. & t. 4, p. 607.

» Cela ressemble assez à un serment, » ajoute l'Abbé de Vertot; mais il faut

» reconnoître de bonne foi, que si
» l'on examine à la rigueur ces diffé-
» rents textes, on n'y voit aucune ex-
» pression qui marque un serment for-
» mel; peut-être que la sainteté de
» ces Prélats les mettoit au-dessus du
» serment, & que la crainte religieuse
» de jurer leur tenoit lieu des jure-
» ments même les plus solemnels. Il
» faut de plus observer que les Evê-
» ques, vers le commencement de la
» premiere Race, n'avoient encore ni
» dignités, ni puissance temporelles qui
» les distinguassent des simples parti-
» culiers. Nos Rois, à la vérité, en ho-
» norerent quelques-uns de leur plus
» intime confiance, & ces Princes
» firent même de grands biens à leurs
» Eglises. Les François d'ailleurs, tou-
» chés de leurs vertus, recevoient leurs
» avis comme des loix, & ils n'entre-
» prenoient rien sans leur participa-
» tion; tout cela n'étoit encore ce-
» pendant que des honneurs sans titre,

» & des richeffes fans domination ».

Il faut en effet remarquer que le Clergé ne jouiffoit de fes biens en fonds, que durant la vie du Prince do-nateur. Si fon fucceffeur ne confirmoit pas cette donation, les biens donnés lui revenoient; ainfi cette poffeffion n'étant que paffagere, elle ne parut pas aux Evêques un motif fuffifant pour en faire au Roi un ferment : mais de grands fiefs ayant été unis infenfible-ment aux Evêchés, & les Evêques ayant eu des vaffaux & même des trou-pes qu'ils étoient obligés de fournir, chacun felon fon contingent, il étoit jufte qu'étant Grands de l'Etat par leurs fiefs, on s'affurât de leur fidélité par des engagements plus précis & plus fo-lemnels *. Guillaume de Malmesburi obferve, que Charlemagne donna de grandes terres aux Eglifes dans les Pays où la fidélité des Seigneurs laïcs lui étoit fufpecte. Il efpéroit, dit-il, que l'autorité des Evêques contiendroit les

* T. 2 Con-cil. Gall. f. 6, 36. Paf-quier, t. I, c. 236.

laïcs dans les bornes de l'obéiffance, ou que, fi ceux-ci fe révoltoient, ils feroient réprimés par l'excommunication.

En 836, le fecond Concile d'Aix ordonna de dépofer un Evêque, convaincu d'avoir violé le ferment prêté au Roi. *Qui facramentum fidelitatis violaverit, proprium gradum amittat* *. On étoit fi perfuadé de l'obligation d'être fidele à fon Souverain, qu'en 837, Louis-le-Débonnaire enjoignit aux Prélats, aux Comtes & aux Vaffaux du Royaume de Charles-le-Chauve, de lui prêter le ferment de fidélité *. Ce Monarque fe plaignit dans le Concile de Toul, de l'infidélité de Ganelon, Archevêque de Sens. Ce Prélat avoit engagé fa foi au Roi en quatre occafions différentes : il avoit fait le premier ferment, lorfqu'il n'étoit que Clerc dans la Chapelle du Prince; il l'avoit réitéré à fa promotion à l'Epifcopat; enfuite, lorfque Louis-le-Débonnaire partagea fes Etats entre fes enfants; enfin, au couronnement de Char-

* Concil. Aguifgr. c. 12.

* Annal. Bertin. an. 837.

les-le-Chauve. Tant de profanations d'un ferment réitéré aggraverent la perfidie de Ganelon ; mais il faut convenir que Louis - le - Débonnaire , en changeant plusieurs fois le partage de ses enfants , avoit beaucoup affoibli l'autorité de ces sortes de ferment. Les changements que fit le Prince , mirent des équivoques dans l'obéissance de ses sujets ; il confondit les droits & les prétentions de ses enfants , & rendit leurs titres incertains , en faisant peu de cas des serments qui devoient en être la base.

Ici on peut observer avec un savant Feudiste, que le mot *fidelis* rapporté dans les formules du ferment, signifie deux engagements envers le Souverain ; celui d'un *sujet* , & celui d'un *vassal* à raison d'un fief ; car on ne doit pas confondre ces engagements : les uns peuvent subsister sans les autres ; on peut tenir d'un Prince un fief, sans être son sujet , & réciproquement être né sujet d'un Prince sans tenir des fiefs de lui,

& sans lui devoir les services qui en résultent. Pour distinguer ces deux obligations, on a dit ensuite que le *sujet* prêtoit *le serment de fidélité*, & que le *vassal* faisoit *hommage*. Tout homme qui est né sujet d'un Souverain, est obligé de lui promettre le serment de fidélité, quand le Prince le souhaite, sur - tout lorsque ce sujet acquiert un degré d'autorité dans l'Etat.

Tel est le motif du serment que les Evêques de France ont depuis fait au Souverain après leur sacre ; ils jurent qu'ils seront pendant leur vie *fideles sujets & serviteurs du Roi*. Ce serment de fidélité n'a point rapport aux services que l'Evêque doit au Roi à raison des fiefs épiscopaux ; aussi est-il différent de celui que Hincmar, Evêque de Laon, fit à Charles-le-Chauve en ces termes : * *Moi Hincmar, Evêque de l'Eglise de Laon, je serai toujours fidele & obéissant selon mon ministere à Charles mon Seigneur & mon Roi, comme un homme*

* Continu. Aimo. l. 5, c. 21.

me

me doit l'être à son Seigneur (a), & un Evêque à son Roi. Ce serment est peut-être un des premiers que l'on ait écrit & signé. Le Pere Mabillon, dans son traité des Lettres-patentes, dit que les donations & les autres contrats de cette nature se faisoient ordinairement sans écrit. Comme ces sortes d'actes se passoient avec solemnité, la présence des témoins suffisoit pour en attester la vérité ; ainsi il n'est pas surprenant de ne point trouver par écrit le serment que les Evêques prêtoient aux Rois de la premiere race : l aformalité d'une rédaction par écrit sembloit même inutile,

---

(a) *Home* signifioit un vassal attaché si étroitement à son Seigneur, qu'il ne pouvoit faire à un autre *l'hommage* d'un fief, sans le consentement du premier. Pour accorder ce consentement, le premier Seigneur exigeoit de son vassal qu'il seroit regardé comme son homme propre, *homo proprius*, usage qui a été aussi pratiqué en Germanie, où un *homme propre*, *leib-eigen*, ne peut s'établir ailleurs sans le consentement de son Seigneur.

puifque le Clergé du Diocefe ne man-
quoit pas d'affifter par députés à cette
cérémonie.

C'étoit toujours avec répugnance que
les Evêques prêtoient le ferment de fidélité ; enfin, on mit quelque différence
entre leur ferment & celui des Abbés :
on leur permit, fuivant les annales de
St. Bertin , de faire une *promeffe de
fidélité* , mais on continua d'exiger des
Abbés & des laïcs un *ferment de fidélité* :
cette différence ne dura pas long-temps.
Hincmar de Reims s'étant rendu fufpect
à Charles-le-Chauve, ce Prince l'obligea dans le Concile de Pont-Yon tenu
en 876 , de lui renouveller fa *fidélité.*
Quoique dans l'acte qui en fut dreffé ,
il n'y eût que le terme de *promeffes* ,
Hincmar néanmoins lui donna le nom
de *jurement* dans un traité qu'il fit en
forme d'apologie. En effet, la promeffe
avoit été faite fur les reliques des Saints ,
en ces termes : *Sic me Deus adjuvet ,
& hæc Sancta patrocinia* *.

* Hincm. t.
I, p. 824.
Bouquet rer.
Gallic. fcrip.
t. 7, p. 694.
Ducheſne , t.
2, p. 462.
Annal. Ber-
tin , p. 253.

Dans les affurances que les Evêques avoient données de leur fidélité pour Louis-le-Begue, fucceffeur de Charles-le-Chauve, ils affecterent encore de diftinguer la promeffe qu'ils faifoient au Roi, du ferment des Abbés & des Seigneurs laïcs; on croit que Hincmar de Reims eft l'auteur de cette diftinction. Les Evêques *promirent*, & les Abbés *jurerent* la fidélité. Lorfqu'un Evêque faifoit au Roi cette promeffe, on dreffoit deux actes fous ces noms, *commendatio, profeffio.* Par le premier, il mettoit fon Eglife fous la protection du Roi; & par le fecond, il lui promettoit *fidélité, obéiffance & fecours.* Si dans l'un & l'autre on ne remarque point les expreffions du *ferment* & de *l'hommage*, on en découvre au moins le fens; dans le ferment fait par Hincmar de Laon à Charles-le-Chauve, on apperçoit des indices de l'hommage-lige: *Obediens*, dit-il, *& fidelis ero, ficut homo fuo feniori effe debet.* Il fe reconnoiffoit *homme du Roi*, par conséquent sujet à *l'hommage*. Il est vrai que Charles-le-Simple, dans la lettre qu'il écrivit en 921 aux Evêques, ne parle que de la promesse qu'ils lui avoient faite; mais il est infiniment probable que ses successeurs rétablirent la coutume d'exiger le *serment de fidélité*, afin d'affermir l'autorité du trône que l'infidélité des Seigneurs avoit fait chanceler.

On voit par ce que je viens de dire, le serment de fidélité clairement distinct de l'hommage avant l'union des bénéfices en fiefs aux Sieges épiscopaux; c'étoit un sujet qui promettoit fidélité à son Prince. Depuis cette union, le même homme avoit la double qualité de *sujet* & d'*homme* du Prince; & il devenoit son *homme* par *l'investiture*.

Les Historiens du sixieme & du septieme siecle n'ont presque rien écrit sur la maniere dont les Souverains de la premiere race investissoient les Ecclésiastiques. L'Auteur de la vie de Saint-

Romain, promu à l'Evêché de Rouen vers le feptieme fiecle, dit que ce Prélat reçut de Clovis II, ou du Roi Dagobert, le *bâton paftoral.* C'eft peut-être le feul témoignage des anciennes inveftitures : il femble qu'alors elles n'étoient que perfonnelles, & qu'à chaque mutation de Prélat, il falloit en recevoir une. Les inveftitures font moins rares fous les Rois de la feconde race. On fait les grands biens dont Charlemagne a comblé le Clergé de France & l'Eglife de Rome. Le Pape Adrien I, pénétré de reconnoiffance pour les libéralités que le St. Siege avoit reçues de ce Prince, ne lui contefta point le droit de nommer les Papes ; il ordonna même que les Prélats foumis à l'Empire François, recevroient du Souverain l'inveftiture du temporel de leur Evêché : l'une & l'autre prérogatives furent reconnues & approuvées dans un Concile tenu à Rome en 774.

Il eft vrai que le Pere Berthier place

le canon de ce Concile parmi les *denrées* de l'hiftoire ; * mais ce mépris d'un Jéfuite qui affecte de refpecter le St. Siege , retombe fans doute fur le Pape Léon VIII , qui a renouvellé le décret du Concile de Rome en faveur de l'Empereur Othon I. *.

Charlemagne , dans l'exercice de fon droit des inveftitures , fe propofoit fimplement de mettre un Evêque ou un Abbé en poffeffion des fiefs attachés à leurs Eglifes ; ce fut auffi l'intention de Louis-le-Débonnaire , lorfqu'il inveftit Alderic , élu à l'Evêché du Mans. Andramne , Métropolitain de Tours , préfenta à l'Empereur Louis le bâton paftoral ; le Monarque le prit , & le mit entre les mains d'Alderic *. Lorfqu'un Evêque étoit mort , fon Clergé envoyoit le bâton & l'anneau paftoral au Métropolitain ; ce Prélat le portoit au Prince , qui le remettoit au nouvel Evêque. Telle étoit , dans le premier âge de la Monarchie , l'inveftiture des

Mém. pour les Beaux-Arts & Sciences en 1748.

* Il feroit fuperflu de faire ici l'apologie de ce décret , après ce qu'en a dit M. Audoul dans fon *Traité de la régale* contre Baronius.

* *Vita Aldar. ad ann.* 832, r. 3, Mifcell. Baluz.

fiefs ecclésiastiques, qui devint, dans son second âge, le sujet de si fameuses contestations entre les deux Puissances.

Le Clergé, possesseur des grands Fiefs du Royaume, s'appliqua à choisir des Evêques instruits du Gouvernement féodal : il confioit d'ordinaire la conduite des Dioceses, à des personnes dont les talents répondoient plus de leur politique que de leur science pour conduire les ames. Hugues Capet, à qui cette politique étoit suspecte, ne voulut jamais dispenser les Evêques du serment de fidélité, & persista toujours à l'exiger.

Seguin, Archevêque de Sens, fit difficulté de le lui prêter : il craignoit de se déclarer contre Charles, Duc de Lorraine, dont il favorisoit le parti. Hugues avoit intérêt de mettre ce Prélat dans le sien : il essaya de le gagner par des promesses, ou de l'intimider par des menaces ; il lui écrivit la lettre suivante.

„ La crainte d'abuſer de notre pou-
„ voir, nous oblige de prendre ſur les
„ affaires de l'Etat l'avis de nos fide-
„ les ſujets , & de ſuivre ce qu'ils au-
„ ront déterminé. La confiance, que
„ nous avons dans vos conſeils ne nous
„ permet pas de différer davantage à
„ en profiter. C'eſt pourquoi nous vous
„ avertiſſons qu'avant le premier jour
„ de Novembre, vous ayiez à nous
„ prêter le ſerment de fidélité que les
„ autres nous ont fait, pour entretenir
„ la paix, & conſerver l'union de l'E-
„ gliſe & du peuple Chrétien. Si vous
„ refuſez de le faire, craignez de vous
„ attirer de la part du St. Siege une
„ ſentence ſévere, qui ſera auſſi celle
„ des Evêques vos com-Provinciaux,
„ & quoique perſonne ne doute de ma
„ clémence, cependant votre refus me
„ porteroit à vous traiter avec ſévérité ».

On entrevoit dans cette lettre que
Hugues avoit mis le Pape dans ſes intérêts. Seguin prêta le ſerment de fidé-

lité que le Prince exigeoit de lui : sa réputation & son autorité accréditerent le parti de Hugues Capet.

Mais dans le siecle suivant, les censures de Grégoire VII contre les Princes qui donnoient les investitures des bénéfices par la crosse, & contre les Prélats qui les recevoient, rendirent la plupart des Evêques très-difficiles à faire le serment de fidélité. La condamnation que ce Pape fit de ces investitures, retomboit aussi sur l'hommage-lige que les Prélats faisoient au Roi en les recevant de lui. Grégoire avoit même défendu cet hommage *. Victor III soutint les censures de son prédécesseur ; & Urbain II, dans le Concile tenu à Clermont en 1095, condamna clairement le serment & l'hommage que les Evêques & les Prêtres faisoient aux Rois : *Ne Episcopus vel sacerdos Regi vel alicui laïco in manibus ligiam fidelitatem faciat* *.

Urbain avoit un intérêt particulier

* Marca de concordiâ l. 8, c. 21, n. 4.

* Concil. Clarom. can. 17.

d'abolir cet ufage. St. Anfelme, Archevêque de Cantorbéry, ayant demandé au Roi d'Angleterre, Duc de Normandie, la permiffion d'aller à Rome chercher le *Pallium*, ce Prince lui dit que fon Royaume ne reconnoiffoit point Urbain pour Pape; que c'étoit violer la fidélité qu'on lui devoit, renverfer fon Trône, & lui ôter la Couronne, que de le prévenir fur le choix d'un fouverain Pontife. *

* Eadmer, p. 26.

Cependant le canon du Concile de Clermont fut approuvé par le Synode de Rouen en 1096, mais avec des adouciffements dont les Papes s'accommoderent. Le Synode défendit feulement aux Prêtres de rendre l'hommage aux Seigneurs féodaux laïcs; c'étoit permettre tacitement aux Evêques & aux Abbés de le rendre au Roi. Comme cette défenfe prife à la lettre portoit un préjudice confidérable aux Seigneurs, on permit aux Prêtres & aux Curés de faire le ferment de fidélité à ceux dont ils tiendroient des fiefs qui n'appartiendroient pas à l'Eglise. * Quant aux fiefs qui relevoient du Roi , le Concile ne fit aucune distinction ; & supposant que les mains du Roi sont sacrées, il insinuoit que les Ecclésiastiques du premier & du second ordre pouvoient prêter au Roi l'hommage-lige pour toutes sortes de fiefs.

On eut beaucoup de peine à faire goûter cette raison à Radulphe, Archevêque de Reims ; il fit tous ses efforts pour prendre possession de son Siege, sans faire l'hommage-lige de ses fiefs à Louis-le-Gros : enfin , après bien de difficultés , il le fit dans une assemblée tenue à Orléans en 1115.

» Radulphe, dit Yves de Chartres
» dans sa lettre au Pape, n'a pu obte-
» nir le consentement du Roi pour être
» promu à l'Archevêché de Reims ,
» qu'il n'eût fait l'hommage-lige que
» ses prédécesseurs & les plus saints

* Orderic vital.

» Evêques de France avoient toujours
» prêté à nos Rois ».

» Il est vrai, dit l'Abbé de Vertot,
» que ces Princes, pour s'accommoder
» à la pieuse délicatesse des Evêques,
» & pour laisser même une juste dis-
» tinction entre un ordre si respectable
» & celui des Abbés, ces Princes,
» dis-je, se contenterent d'abord qu'ils
» fissent ce serment à la simple vue du
» livre des Evangiles *.

* Mém. de littérat. t. 7, p. 282.

Cependant les Evêques de Guyen-
ne s'autorisoient de l'usage de leurs Provinces, pour refuser à leur Duc le serment & l'hommage : ils soutinrent que la
sainteté de leur caractere devoit répondre
de leur fidélité , & que leur parole n'é-
toit pas moins inviolable que le serment des Seigneurs laïcs. Louis le Jeune ,
leur Souverain & leur Duc , eut égard
à cette raison & à l'usage du Clergé de
Guyenne ; il dispensa en 1137 de l'hommage-lige, les Evêques de cette Province.

Adalbert, Evêque de Mende, en 1161, vint trouver Louis VII dont il obtint un diplôme scellé en or ; le Roi y fait remarquer que de mémoire d'homme on n'avoit vu à la Cour un Evêque de Gevaudan... » qu'Adalbert sachant que » la justice temporelle qu'il administroit, » appartenoit à l'autorité royale, étoit » venu reconnoître en présence des prin- » cipaux Barons du Royaume, que son » Evêché dépendoit de la Couronne de » France, & que se soumettant à la » personne du Roi, il lui avoit prêté » le serment de fidélité *.

Ce fut un serment de fidélité sans hommage.

Voici l'hommage que Guillaume le Maire, Evêque d'Angers, prêta en 1291 à Philippe-le-Bel : » Je me présentai, dit- » il, devant le Roi Philippe, l'étole au » cou, & croisée : je mis la main sur le » *pectus*, en présence des saints Evangi- » les ; pour lors le Seigneur de Cham- » berg, Chevalier, me dit : Vous jurez

* Gall. chrift ed vetus t. 3. p. 729.
Hift. gén. de Langued. t. 2, p. 487.

» au Seigneur Roi & à fon fils la loyau-
» té, & que vous conferverez fon corps
» & fes membres, fa vie, fes droits &
» fon honneur temporel, &c. C'eft ainfi
» que vous jurez ; je répondis : Oui, je
» le jure „ *.

* Boll. febr. t. 2, p. 440. Recueil pour l'Hift. de Bourgog. p. 315, 491. Spicil. t. 10, p. 2, 3, 285.

Il eft donc certain que le Roi peut obliger les Evêques à lui prêter le ferment de fidélité ; que ce ferment a toujours été regardé comme un acte néceffaire, parce qu'ils font fes fujets : mais comme les Evêques appréhendoient que ce ferment ne portât quelque préjudice aux prérogatives du Clergé, les Princes les raffurerent par des actes qui confirmoient les anciens privileges de l'Eglife. Telle fut la décharge que Philippe-le-Bel accorda à Guillaume le Maire ; elle étoit femblable à celle que Louis VIII, St. Louis, & Philippe III fes prédéceffeurs avoient donnée aux Evêques d'Angers qui leur avoient fait le ferment.

Cette décharge portoit que ce ferment de fidélité ne feroit aucun préjudice aux anciennes libertés de l'Eglife Angevine ; que l'Evêque feroit exempt de fe rendre en perfonne à l'armée du Roi, ou d'y envoyer des troupes ; que l'Evêque élu, après avoir été confirmé par fon Métropolitain, recevroit la main-levée du temporel de fon Eglife ; mais qu'au bout de quarante jours, il feroit le ferment au Roi, s'il étoit dans le Royaume ; qu'autrement le Roi faifiroit fon temporel, jufqu'à ce qu'il le lui eût prêté. Enfin, le Prince promettoit que fi le Comté d'Anjou étoit un jour féparé de la Couronne, il ne pourroit obliger l'Evêque à faire le ferment de fidélité au Comte *.

Spicil. ibid.

La déclaration de 1332 diftingue entre les Evêques qui doivent l'hommage-lige, & ceux qui doivent le ferment de fidélité ; ces derniers font fans doute les Prélats qui n'ont aucun fief de la Couronne, ou qui font difpenfés de l'hommage *.

* Marca de Conc. l. 8, c. 21, n. 7.

C'eft une erreur, de rapporter feulement au fief attaché à un Siege épiscopal le ferment qu'un Evêque prête au Roi *.

* T. 1 des preuv. des libert. Gall. c. 17.

On a deja pu obferver qu'un Prélat n'y feroit pas moins obligé quand il n'auroit aucun fief, parce qu'étant chargé de la police eccléfiaftique de fon Diocefe, qui fait une partie du Gouvernement des fujets du Roi, il eft jufte qu'à l'exemple des Officiers qui ont quelqu'adminif- tration publique, il prête le ferment de fidélité à fon Souverain ; ce qui eft d'au- tant plus néceffaire, que leur adminiftra- tion eft plus importante *.

* T. I. des preuves, ch. 9, n. 13, ch. 22, n. 2.

La paix & l'union des fujets du Prince, l'oblige à s'af- furer des Evêques ; le rang que leur don- ne la Prélature dans le Royaume, peut les rendre redoutables : ils ont autorité fur les ames, & ils exercent ce pou- voir en perfonne, ou par les Curés & par d'autres Prêtres qui leur font fou- mis : fi le Roi ne fe les attachoit pas par le ferment, leur pouvoir feroit le plus dangereux de tous les pouvoirs. On n'a que trop d'exemples de Prélats

accufés.

accufés & convaincus de conjuration.
Tels furent Gilles , Métropolitain de
Reims , fous le regne de Childebert ;
Ebbon, un de fes fucceffeurs, contreLouis-
le-Débonnaire ; Anfelme de Milan, Vul-
foad de Clermont, & Théodulfe d'Or-
léans fous le même Prince ; le Cardi-
nal de Pellevé & Rofe de Senlis fous
Henri IV , & le Cardinal de Retz fous
Louis XIV.

Le droit d'exiger des Evêques le
ferment de fidélité, eft compris dans celui de la régale ; le ferment les lie fi
étroitement au Roi , que les Prélats
François ne peuvent fortir du Royaume,
ni donner du fecours au Pape même,
fans la permiffion du Souverain. Auffi
le Concile d'Aix-la-Chapelle , tenu en
886 , enjoint-il de dépofer un Eccléfiaftique qui nie le ferment de fidélité qu'il
a fait au Roi. Les Evêques ne faifoient le
ferment qu'à lui feul ; les Ducs, les Comtes, qui *recommandoient* aux Prélatures
fituées dans leurs domaines , n'avoient le

pouvoir de l'exiger. Les Ducs de Normandie , de Guyenne & d'Anjou jouiffoient à la vérité des droits régaliens pendant la vacance des Evêchés de leurs Duchés ; mais ils n'avoient pas celui d'exiger de leurs Prélats le ferment de fidélité : il fuffit de jetter un coup d'œil fur les chartes du onzieme , douzieme , treizieme & quatorzieme fiecle, (*a*) pour s'affurer de ce fait.

Il faut cependant convenir que les Evêques de Languedoc dans l'onzieme & le douzieme fiecle, faifoient au Comte de Touloufe l'hommage & le ferment de fidélité *. Guillaume , Evêque de Ca-

* Ufage des Fiefs , p. 289.

____

(*a*) Ces chartes en partie font dans le reg. de la Chamb. des Comptes coté *qui es in cœlis*. Les Rois y accordent la liberté des élections , fe réfervant toûjours l'hommage & le ferment de fidélité. *In Epifcoporum & Abbatum fuorum electionibus canonicam omninò concedimus libertatem abfque hominii juramenti feu fidei per manum datæ obligatione.* Cette réferve fe trouve dans les chartes de Louis-le-Gros & de Louis-le-Jeune.

hors, avoit prêté l'un & l'autre ; mais croyant avoir souffert plusieurs injustices de la part du Comte, il vint prier le Roi Philippe - Auguste de le prendre sous sa protection, lui promettant l'hommage & la fidélité. Le Roi assembla son Conseil, pour délibérer sur la proposition de l'Evêque : ses Barons lui dirent qu'il pouvoit & même qu'il devoit accepter l'office de Guillaume ; que, selon les regles du Gouvernement féodal, le Seigneur qui vexoit son vassal, perdoit la mouvance du fief qui relevoit de lui, & que dès-lors il commençoit à relever immédiatement du Suzerain. Le Roi se rendit à cette raison, & reçut de l'Evêque de Cahors l'hommage & la fidélité.

Charles VII, Roi de France, se plaignit à Eugene IV, de ce qu'il adressoit à d'autres qu'à lui les bulles de plusieurs Evêques de France ; il lui remontre que tous les Prélats de son Royaume lui prêtoient le serment de fidélité, & la plupart l'hommage ; qu'il n'exceptoit pas ceux qui avoient des Comtes, ou des Ducs particuliers pour Seigneurs féodaux ; que ces Prélats étoient les sujets immédiats de sa Couronne, qu'il étoit le protecteur de leurs Eglises, leur Souverain quant au temporel, & qu'en ces qualités il jouissoit des *régales* lorsque les Sieges étoient vacants *.

* Spicil. t.7, p. 286.

En 1455 , le même Charles VII trouva mauvais que Pierre II, Duc de Bretagne, reçût le serment de fidélité des Evêques de sa Province *. Le Roi lui contesta encore d'autres droits, dont le Duc fit faire la recherche ; il en chargea l'Abbé de Saint - Melane & Jean l'Oaisel, Président de Bretagne. Le résultat de cette enquête fut, » que » la Bretagne n'avoit jamais été mem- » bre d'aucun Royaume ou d'aucune » Province ; que les Ducs n'en avoient » fait hommage à personne, jusqu'à un » certain Comte qui le fit au Roi de » France ; enfin, que le Duc étoit fon-

* Hist. de Bret. t. I, p. 661.

» dateur des Eglifes de Bretagne, &
» qu'il avoit la régale de tous les bé-
» néfices ». L'affaire du ferment & de
la régale fut encore examinée dans les
Etats de Nantes en 1466, mais toujours à l'avantage du Duc ; cependant
l'Evêque de Nantes ne voulut jamais fe
foumettre à ce Prince : il prétendoit n'ê-
tre ni fon fujet, ni fon vaffal , & ne relever que du Pape.

Guillaume Maletroit, Evêque de Nantes , foutint fes prétentions par les cenfures : la mort d'Artus III , Duc de Bretagne , étant arrivée en 1458 , l'affaire
demeura indécife : il y eut un projet d'ac-
commodement fous fon fucceffeur le Duc
François II , & ce procès fut plutôt af-
foupi que terminé.

Si Charles VII fut jaloux de la fujé-
tion immédiate des Prélats de fon Royaume à fon autorité , le Pape ne fut pas
moins attentif à leur défendre de faire
hommage-lige à d'autres Seigneurs temporels qu'à leurs Souverains : c'étoit le

moyen de conferver l'union entre le Sacerdoce & l'Empire, de faire régner la paix & la juftice, & de procurer au peuple, dont ils font les peres, l'un comme Roi, l'autre comme Pontife, les avantages dont un feul ne feroit pas capable.

Il faut ici obferver que l'intention du Pape n'étoit pas d'approuver l'hommage-lige dans toute fon étendue. Louis de Poitiers, Evêque & Comte de Valence & de Die, en faifant fon hommage au Dauphin Louis en 1456, excepta le Pape de tous ceux contre lefquels ils feroit obligé de fervir. Cette condition lui fut accordée, parce qu'on auroit défobligé la Cour de Rome, fi le Dauphin eût exigé le contraire *.

Nicolas V écrivit à Charles VII de laiffer au Cardinal le Jeune, Evêque de Térouenne, les revenus de la premiere année de fon Evêché. Ce Prélat avoit fait par procureur le ferment de fidélité au Roi; il eft affez probable que le Roi

*Mém. du Clergé, t. 2, part. 4, p. 83, édit. anc.

ne refufa point au Pape la grace qu'il lui avoit demandée ; on le préfume d'autant plus volontiers, qu'en 1447 il en avoit accordé une femblable à l'Evêque du Mans ; mais dans une déclaration datée de Montils-le-Tours le quatorzieme de Février 1451, il dit » qu'en recevant » par procureur le ferment de *féauté* de » l'Evêque de Térouenne , il n'avoit » entendu ni n'entendoit s'être départi » ni défifté de la collation des bénéfices » dudit Evêché, comme vacants en ré- » gale ; que fon intention , au contrai- » re, étoit de conférer lefdits bénéfices » en régale , jufqu'à ce que ledit Car- » dinal lui eût fait en perfonne le fer- » ment de féauté ,, *,

Charles VII ne parle ici que du ferment de fidélité : il garde le filence fur l'hommage. Cependant au fiege de Té- rouenne étoient attachés des fiefs qui relevoient de la Couronne de France ; ainfi la difpenfe de l'hommage, fi toutesfois il l'a accordée, fut une grace

* Mémorial de la Ch. des Compt. de Paris, coté L, fol. 52, *verfo.*

que Charles voulut bien faire au nouvel Evêque, & qu'il refusa à Geoffroi, Evêque de Châlons-sur-Marne. Ce Prélat fit à ce Prince non-seulement le serment de fidélité, mais encore l'hommage-lige; il prêta l'un & l'autre dans deux actes séparés : ils sont datés du neuvieme d'Avril avant Pâques 1453 *, c'est-à-dire, selon le nouveau style, 1454. Un mois après, Guy Bernard, Evêque de Langres, fit aussi à Charles VII le serment & l'hommage, par deux actes différents qui sont datés du onzieme de Mai 1454.

On mettoit encore une grande différence entre la foi & l'hommage : la foi n'étoit autre que le serment de fidélité, qui résultoit de la condition du sujet, qui, par cette qualité, est obligé d'être fidele toute sa vie à son Souverain; l'hommage ne concernoit que les fiefs, dont le possesseur devoit à son Seigneur le service de guerre, & l'aide dans l'administration de la justice : mais les Rois n'ayant

* Ces deux actes sont dans le dépôt des fiefs à la Chamb. des Compt.

plus obligé les Vaſſaux de la Couronne à conduire des troupes à la guerre, ni à ſe trouver à leur tribunal lorſqu'ils rendoient la juſtice, on a négligé enſuite pendant quelque temps de faire attention à la différence qu'il y avoit entre la foi & l'hommage. Les Princes inſenſiblement n'ont plus exigé celui-ci des Evêques, & ſe ſont contentés de leur ſerment de fidélité, innovation qui paroît avoir commencé ſous François I. Mais avant Charles IX, on n'avoit encore vu aucun Roi de France qui eût donné des lettres-patentes pour déclarer tout le Clergé exempt de faire hommage.

Cependant la Chambre des Comptes de Paris n'oublia point la différence que l'on devoit mettre entre le ſerment de fidélité & l'hommage. L'Evêque d'Autun, en 1652, ayant prêté au Roi le ſerment, en porta l'acte à la Chambre des Comptes pour l'y faire enregiſtrer. Cette Cour fit des difficultés, parce qu'elle exigeoit du Prélat qu'il eût fait la foi-hommage, & qu'il donnât un dénombrement des fiefs & domaines de son Evêché. L'Evêque fut obligé de présenter au Roi une requête, & fit intervenir dans cette affaire les Agents du Clergé.

La requête porte, *que par les lettres-patentes de Charles IX, de Henri III, de Henri IV, de Louis XIII, enregistrées au Parlement & en la Chambre des Comptes, les Ecclésiastiques de ce Royaume auroient été déclarés exempts de faire foi & hommage, & donner par aveu & dénombrement, leurs fiefs, terres & domaines, attendu les amortissements faits d'iceux en 1522 & 1547 par les Rois François I & Henri II, moyennant notables sommes de deniers, à eux payées par le Clergé du Royaume. La perte de la plupart des titres du Clergé, arrivée par les guerres civiles, les grands & notables secours par lui faits au Roi & à l'Etat, les aliénations de la plupart du temporel* du Clergé, &c. le payement des rentes de l'Hôtel-de-Ville de Paris à l'acquit de Sa Majesté, laquelle, par les contrats faits avec le Clergé, auroit promis qu'il ne seroit inquiété pour raison desdits foi & hommage… au préjudice de quoi la Chambre des Comptes ne laisse de vouloir astreindre les Evéques à rendre la foi & hommage, &c. Quoique lesdits Evêques ne soient obligés & n'ayent accoutumé de prêter que ledit serment de fidélité, lequel enferme en soi ladite foi & hommage, & ce par un long usage & pratique ordinaire de tous temps usité dans ce Royaume, & fondés sur ce que dessus & sur les ordonnances, &c.

Le Roi ayant égard à cette requête, prononça en faveur de l'Evêque d'Autun. Il faut convenir qu'un siecle avant Charles IX, l'hommage rendu par les Prélats fiéfés n'étoit plus qu'un devoir superficiel, ou une expression de pure cérémonie.

Le serment de fidélité que les Evêques prêtent aujourd'hui au Roi, est conçu en ces termes : » Je N. jure le » très-saint & sacré nom de Dieu, & » promets à Votre Majesté, que je lui » serai tant que je vivrai, fidele sujet » & serviteur ; que je procurerai le » bien de son service & de son Etat; » que je ne me trouverai en aucun » conseil, dessein, ni entreprise au » préjudice d'iceux ; & que s'il en » vient quelque chose à ma connois- » sance, je le ferai savoir à Votre Ma- » jesté : ainsi Dieu me soit en aide & » ses saints Evangiles par moi tou- » chés ».

Ce serment est celui d'un sujet à son Souverain ; il ne differe presque point de celui que Robert, Evêque de Clermont, fit à Philippe-Auguste en 1217 ; à quelques mots près, l'essentiel de ce serment s'est toujours conservé. Le Roi l'exige de ses sujets que le Pape décore de la pourpre Romaine, parce qu'alors ils deviennent Princes d'une Cour étrangere, & les bénéfices que ces Prélats ont dans le Royaume vaquent en régale, jufqu'à ce qu'ils ayent renouvellé au Roi le ferment de fidélité.

En 1589, Pierre de Gondy, Evêque de Paris, ayant été créé Cardinal, le Procureur-général fit faifir les revenus de l'Evêché comme vacants en *régale*. La faifie dura tant que la régale fut ouverte, & elle ne fut fermée que lorfque le Cardinal eut fait au Roi fon nouveau ferment de fidélité. Il le prêta à genoux, en camail & en rochet, les mains jointes dans celles du Prince.

La formalité des mains jointes entre celles du Roi, eft une des cérémonies de l'hommage; ce qui fait conjecturer qu'on n'a pas tout-à-fait oublié l'hommage à la cérémonie du ferment de fidélité. Louis XIII fit ajouter ces deux claufes, qu'un Eccléfiaftique nommé à un Evêché, *fe feroit facrer dans trois mois, & qu'il réfideroit perfonnellement dans son Diocese ;* mais elles furent presqu'aussi-tôt retranchées.

En 1650, le Parlement de Paris voulut, par un arrêt, exclure du Conseil & du Gouvernement les Evêques & les Cardinaux. Il trouvoit que par les serments qu'ils faisoient au Roi & au Pape, ils étoient partagés entre deux maîtres, & qu'en obéissant au Pape, ils s'exposoient à desservir le Roi.

L'Archevêque d'Embrun, Président de l'assemblée que le Clergé tenoit cette année, prit la défense des Prélats du premier ordre : il représenta que le serment qui lioit les Evêques avec le Pere commun des fideles, n'avoit rapport qu'au spirituel ; & comme il n'empêchoit pas que les Pairs Ecclésiastiques ne fussent membres du Parlement de France, il ne pouvoit de même empêcher que les Evêques ne fussent du Conseil lorsque le Roi voudroit les y admettre. Cet argument étoit d'autant plus persuasif, que l'on disoit alors que le Parlement

tenoit la place des Etats dont on fou-
haitoit la convocation : il ne pouvoit
les repréfenter , fans y comprendre le
Clergé , qui eft le premier ordre, & par
conféquent les Evêques (*a*).

Dans l'affaire du Cardinal de Retz,
la Cour prétendit que ce Prélat, qui
étoit Archevêque de Paris, n'en pouvoit faire les fonctions, ni nommer des
Grands-Vicaires pour s'en acquitter
pendant qu'il étoit fugitif, parce qu'ils
n'avoit pas prêté au Roi le ferment de
fidélité. En conféquence , le Confeil
donna le 21e. de Mars 1654, un arrêt
figné en commandement, par lequel, à
caufe du défaut *de ferment de fidélité* de
la part du Cardinal de Retz, il fut ordonné au Chapitre de l'Eglife de Paris,
de nommer des Officiers pour l'admi-

____

(*a*) La queftion de l'incompatibilité du ferment
fait au Pape, avec celui que l'on fait au Roi, fut
agitée en 1094 dans le Concile de Rochingam en
Angleterre. Voyez-y la décifion.

niftration du fpirituel du Diocefe ; & même par la commiffion expédiée fur cet arrêt, on lui donna *le pouvoir & le mandement de ce faire.*

Les Prélats de France prétendirent le contraire, excepté l'Evêque de Coutances, & un fecond ; les autres ne voulurent jamais reconnoître les Grands-Vicaires nommés par le Chapitre de Paris ; ils appuyerent toujours ceux que le Cardinal de Retz avoit nommés. Ce que la Cour put obtenir du Clergé, fut que le Roi donneroit une lifte des fujets qu'il croiroit capables d'être Grands-Vicaires, & que le Cardinal de Retz feroit obligé de choifir parmi eux ceux qu'il voudroit nommer pour gouverner le Diocefe de Paris pendant fon abfence.

Le Cardinal, follicité par les Evêques, nomma un Grand-Vicaire au gré de la Cour, fans néanmoins révoquer ceux à qui il avoit déja donné fes pouvoirs. Cette affaire ne fut termi-

née

née qu'en 1662, lorsque ce Prélat donna sa démission de son Archevêché, & le Chapitre de Paris nomma des Grands-Vicaires qui en firent paisiblement les fonctions.

Pendant le démêlé du Cardinal de Retz avec la Cour, mourut l'Evêque de Soissons. Le Chapitre de cette Eglise protesta contre les prétentions du Coadjuteur, qui vouloit faire les fonctions épiscopales avant que d'avoir prêté au Roi le serment de fidélité. L'assemblée du Clergé, qui se tenoit alors, chargea l'Evêque de Châlons de dire au Chapitre de Soissons, que ce *procédé étoit nouveau & extraordinaire, & qu'il étoit contraire aux regles de l'Eglise & aux droits des Evêques* *.

Le Coadjuteur de Soissons affectoit de différer de faire au Roi le serment de fidélité, pour ne pas déplaire à l'assemblée du Clergé. Les Evêques prétendoient que le serment n'étoit nécessaire que pour la temporalité du

Hist. de la détention du Card. de Retz, p. 77.

Siege épifcopal , & non pour exercer
la jurifdiction eccléfiaftique ; qu'ainfi
un Prélat pouvoit l'exercer avant que
d'avoir fait le ferment de fidélité qu'il
devoit au Prince.

Le Cardinal Mazarin, Miniftre, étant
convenu de la maxime du Clergé, que
le défaut de *preftation du ferment de
fidélité, n'empêchoit pas les Archevéques
& Evéques de faire leurs fonctions fpirituelles*, l'affaire de Soiffons fut affou-
pie *.

* Ibid. p. 95.

Mais comme le Cardinal-Miniftre
avoit ajouté, *pourvu que la poffeffion
eût été prife avec les folemnités requifes*,
le Coadjuteur de Soiffons fe dépêcha
de faire au Roi le ferment de fidélité,
pour gouverner tranquillement fon Diocefe.

Si les droits de la Couronne font im-
prefcriptibles, fi les Rois eux-mêmes
ne fauroient y donner atteinte par
aucune ceffion ou convention ; s'il eft
évidemment de l'intérêt de la Cou-

ronne, de maintenir & conferver par quelque figne certain la féodalité dans les biens d'Eglife, il eft clair que les nominations Royales, *pour ferment de fidélité*, font auffi privilégiées que celles faites *à caufe de la régale*, puifqu'elles dérivent toutes deux de la même fource, & font dues au même titre ; l'une *à caufe de la vacance du fief*, l'autre, *à caufe de la mutation du vaffal*. Pourquoi donc laiffer introduire entre ces deux droits, quant à leur effence même, cette différence, qu'une diverfité de jurifprudence entraîne néceffairement ? Il eft à croire que fi le Parlement avoit pu défendre l'un comme l'autre, on ne feroit point parvenu à répandre tant d'incertitudes fur les privileges des nominations Royales qui dérivent de la féodalité, fur le genre de vacance qui doit leur donner ouverture, fur la préférence, enfin, qu'elles doivent avoir fur les indults.

N ij

ART. VI.

Le Grand-Conseil adjuge les dignités des Eglises Cathédrales & Collégiales aux Gradués, comme les autres bénéfices, au préjudice des réclamations faites par l'assemblée générale du Clergé notamment en 1660.

HISTOIRE du Droit des gradués sur les bénéfices.

LEs gradués font redevables de leur droit fur les bénéfices, à la Pragmatique-fanction faite dans l'affemblée de Bourges en 1438. Cette loi obligeoit les collateurs & les patrons Eccléfiaftiques à tenir des rôles exacts des bénéfices qui étoient à leur difpofition, &, de trois, d'en conférer un aux gradués à tour de rôle : le Concordat a confirmé

ce droit ; mais pour prévenir les injuf-
tices des collateurs & des pratrons, il
affecte aux gradués les bénéfices vacants dans les mois de Janvier, d'A-
vril, de Juillet & Octobre.

Leon X & François I ont enfuite fait
la diftinction entre les mois de *rigueur*
& ceux de *faveur.* Ils étoient d'abord
» convenus, dit Hericourt, que le
» premier & le feptieme mois aprés
» la publication du Concordat feroient
» affectés aux gradués fimples ; mais
» comme le 4_e. & le 10e. mois aprés
» la publication du Concordat dans
» différentes Cours du Royaume, au-
» roient caufé de l'embarras, François
» I, par fon ordonnance du 5 Octo-
» bre 1518, régla, du confentement
» de Léon X, que la publication faite
» au Parlement de Paris le 22 Mars
» 1517, ferviroit de loi par tout le
» Royaume, afin de fixer les mois af-
» fectés aux gradués.

Janvier & Juillet font les mois de

rigueur ; les collateurs & les patrons
Eccléfiaftiques y font aftreints à conférer aux gradués *nommés* les bénéfices
vacants , & à fuivre l'ordre de l'antiquité.

Si plufieurs gradués nommés concou-
rent enfemble pour avoir un même
bénéfice , on doit fuivre l'ordre des
gradués & des facultés. Avril & Octobre font des mois de *faveur* : le collateur & le patron peuvent alors choifir
même entre les gradués fimples , celui
qui leur plaît.

On entend par gradués *nommés,* ceux
qui obtiennent des lettres de *nomination*
de leur Univerfité ; & par gradués
fimples , ceux qui fe contentent des lettres de degrés & des années requifes
par les loix. L'ordonnance de Moulins, donnée en 1566, art. 75, &
celle de 1629, art. 10, permettent
aux ordinaires d'examiner la capacité
de ceux qui leur font préfentés par
les Univerfités ; mais cet examen ne

concerne que les gradués qui requierent des bénéfices à charge d'ames.

Les bénéfices pour la plupart font fujets aux grades ; on excepte les confiftoriaux, les électifs, & ceux qui font en patronnage laïc. L'Edit de 1596, art. 2, a décidé que les dignités des Eglifes Cathédrales, & la premiere des Collégiales, ne feroient point fujettes aux gradués. Cet édit n'ayant point été vérifié, toutes les dignités demeurerent encore pendant quelque temps fujettes à l'expectative des gradués, à moins qu'elles ne fuffent électives-confirmatives ; & l'on continua de fuivre la difpofition du Concordat, qui laiffe aux gradués le droit de requerir les dignités des Cathédrales & des Collégiales : mais en 1605, le Clergé affemblé à Paris fit au Roi des remontrances fur lefquelles fut donné un édit en 1606. Voici fon premier article.

D'autant que les dignités des Eglifes Cathédrales requierent auffi perfonnes de qualité & de suffisance, dont néanmoins le choix est souvent ôté aux collateurs ordinaires à cause des indults & graces expectatives, nous voulons que lesdites dignités en soient à l'avenir déchargées, tant envers les gradués que d'autres.

Le Parlement, en vérifiant cet édit au mois de Février 1608, l'a modifié en ce qu'il exclut les indultaires des dignités des Cathédrales. Le Parlement, dans l'enrégistrement qu'il en fit, déclara, qu'il aura lieu *sans déroger au droit des indultaires;* en sorte qu'il a consacré l'art. I, qui excepte les dignités des Cathédrales & la premiere des Collégiales de l'expectative des gradués; en conséquence, il a rendu plusieurs arrêts contre les gradués qui avoient requis ces dignités *.

* Nouv. Mém. du Clergé, t. 10, col. 174.

Mais le Grand-Conseil a continué de les adjuger aux gradués; cette Jurisprudence, contraire à l'édit de 1606, & à celle du Parlement, a excité la réclamation du Clergé assemblé en

1660. Il chargea l'Abbé Tetu de pour-
fuivre l'enrégiftrement de l'édit au
Grand-Confeil : fes démarches furent
inutiles ; le Grand-Confeil ne changea
point de Jurifprudence fur ce prétendu
privilege des gradués.

Les Evêques firent auffi des démarches pour fouftraire à l'expectative des
gradués les Cures & les autres bénéfices à charge d'ames ; ils ont fait en
différents temps des repréfentations au
Roi, qui y a eu égard dans fa déclaration du 27 Avril 1745, fans qu'elle
ait fait varier la Jurifprudence du
Grand-Confeil fur le prétendu privilege
des gradués.

Comme cette déclaration explique
d'une maniere hiftorique & fuccinte
ce qui s'eft paffé dans cette affaire depuis l'édit de 1606, j'ai cru devoir la
rapporter ici entiere dans fes propres
termes.

» Louis, par la grace de Dieu, Roi
» de France & de Navarre, à tous

» ceux qui ces préfentes lettres verront,
» falut. L'attention que l'on avoit eue
» dans le Concordat à diftinguer les
» gradués qui auroient obtenu des de-
» grés dans la Faculté de Théologie,
» en ordonnant que dans le cas de
» concurrence, ils feroient préférés à
» ceux qui auroient acquis des titres
» ou des qualités femblables dans les
» autres facultés, a donné lieu de croire
» dans la fuite, qu'il étoit encore plus
» important de diftinguer auffi les dif-
» férents genres de bénéfices qui peu-
» vent être requis par les gradués; &
» ce fut ce qui porta le Roi Henri-le-
» Grand à avoir égard aux repréfenta-
» tions d'une affemblée célebre du Cler-
» gé de France, lorfque par l'art. I de
» fon édit du mois de Décembre 1606,
» il excepta les dignités des Eglifes
» Cathédrales de l'expectative des Gra-
» dués, & que par le dernier article
» du même édit, il ordonna que nul
» ne pourroit à l'avenir être pourvu des

» dignités des Eglifes Cathédrales, ni
» des premieres dignités des Eglifes Col-
» légiales, s'il n'étoit Gradué en la fa-
» culté de Théologie ou de droit ca-
» nonique; ce fut à cet exemple que
» les deux dernieres affemblées du Cler-
» gé de France, qui ont été tenues en
» l'année 1735 & en l'année 1740,
» nous firent repréfenter que les Cures
» & autres bénéfices qui font chargés
» du foin des ames, méritoient au moins
» autant d'attention que les dignités des
» Eglifes Cathédrales, rien n'étant plus
» naturel pour le bien de la Religion
» que de remettre les Eglifes paroiffia-
» les entre les mains de fujets capables,
» par leurs talents & par la fageffe de
» leur conduite, d'annoncer utilement
» aux peuples la parole de Dieu, &
» de s'acquitter dignement de l'admi-
» niftration des Sacrements; que ce-
» pendant le Clergé de notre Royaume
» ne portoit pas fes vues jufqu'à nous
» propofer de décharger entiérement

» les Cures de l'expectative des Gra-
» dués, comme les dignités des Egli-
» fes Cathédrales en avoient été exemp-
» tées en 1606, & qu'il fe réduifoit
» à demander que lorfqu'il s'agiroit de
» remplir les bénéfices de cette nature,
» les collateurs euffent au moins le choix
» entre les gradués *nommés*, même dans
» les mois de Janvier & de Juillet qui
» font appellés *mois de rigueur*, ainfi &
» de la même maniere que dans les au-
» tres mois de l'année, auxquels par
» cette raifon on a donné le nom de
» *mois de faveur.* Les Archevêques,
» Evêques & autres Députés de l'af-
» femblée du Clergé qui fe tient actuel-
» lement par notre permiffion, ont re-
» nouvellé les mêmes inftances; & après
» nous avoir rendu leurs actions de
» graces fur les premiers pas que nous
» avons faits en faveur des études ec-
» cléfiaftiques, en ordonnant par notre
» déclaration du 2 Octobre 1743, que
» dans la collation des bénéfices à char-

» ge d'ames, les Docteurs & Professeurs
» en Théologie seroient préférés à tous
» les autres gradués, quoique plus an-
» ciens & plus privilegiés, ils nous ont
» supplié de vouloir bien ajouter ce
» qui paroissoit manquer encore à cet
» ouvrage de notre piété, en donnant
» plus d'étendue aux droits des colla-
» teurs dans le choix des Ministres desti-
» nés à exercer les fonctions les plus
» importantes dans l'Eglise, après cel-
» les des premiers Pasteurs ; à quoi ils
» ont ajouté, que si l'on a cru pou-
» voir faire céder la prérogative de l'an-
» cienneté des degrés, quoique fondée
» sur la lettre du Concordat, au mérite
» des services rendus pendant le cours
» de sept années par les Professeurs ou
» par les Principaux des Colleges, on
» ne sauroit douter qu'il ne soit encore
» plus favorable de préférer à l'intérêt
» particulier du gradué le plus ancien
» ou le plus privilégié, le grand avan-
» tage que l'Eglise peut retirer de la

» liberté du choix accordée aux col-
» lateurs entre les gradués *nommés* qui
» afpirent à être chargés du foin des
» ames. Des repréfentations fi confor-
» mes à l'efprit de l'Eglife, fi convena-
» bles même au bien commun des fide-
» les de notre Royaume, qui font tous
» intéreffés à avoir de bons Pafteurs,
» nous ont paru mériter d'autant' plus
» notre attention, que la loi qui nous
» eft demandée par le Clergé, ne fera
» qu'une efpece de retour au droit com-
» mun, & à l'obfervation des vérita-
» bles regles canoniques ; elle n'aura
» même rien d'incompatible avec la
» protection que nous avons toujours
» donnée, & que nous continuerons de
» donner aux privileges des Univerfi-
» tés établies dans nos Etats ; le choix
» des collateurs, en devenant plus libre,
» ne demeurera pas moins renfermé
» dans le nombre des gradués qui au-
» ront été nommés fur eux ; ce fera tou-
» jours en vertu de fes degrés, que ce-

» lui qui méritera la préférence obtien-
» dra le titre de la Cure vacante ; &
» bien-loin de craindre que la liberté
» du choix ne mette quelqu'obſtacle
» aux progrès des études, nous ſom-
» mes perſuadés qu'elle ne pourra ſer-
» vir qu'à exciter une plus grande ému-
» lation entre les gradués, pour ſe ren-
» dre dignes par leur application à la
» ſcience de leur état, par la régularité
» & l'édification de leurs mœurs, d'ê-
» tre choiſis par préférence, comme
» les plus capables de conduire ſainte-
» ment le troupeau qui ſera confié à
» leurs ſoins : ainſi en rempliſſant les
» vœux de trois aſſemblées du Clergé
» de France, nous aurons la ſatisfaction
» de concilier autant qu'il eſt poſſible,
» les uſages préſents avec la pureté de
» l'ancienne diſcipline, & de donner
» par-là une nouvelle preuve, non-ſeu-
» lement de notre amour pour la Re-
» ligion, mais de notre affection pa-
» ternelle pour nos ſujets. A CES CAU-

» ses & autres confidérations à ce
» nous mouvant, de l'avis de notre Con-
» feil & de notre certaine fcience,
» pleine puiffance, & autorité Royale,
» nous avons par ces préfentes fignées
» de notre main, dit, déclaré & or-
» donné, difons, déclarons & ordon-
» nons, voulons & nous plaît, que lorf-
» qu'il s'agira de pourvoir aux Cures &
» autres bénéfices à charge d'ames,
» les patrons qui ont la préfentation à
» ces bénéfices, & les collateurs à qui
» la difpofition en appartient, ayent,
» même dans les mois de Janvier & de
» Juillet qui font appellés *mois de ri-*
» *gueur*, la liberté du choix entre les
» gradués duement qualifiés qui auront
» obtenu des lettres de nomination fur
» lefdits collateurs, & qui les auront
» fait infinuer dans le temps & dans les
» formes ordinaires, & de préférer ce-
» lui d'entre les gradués, qu'ils juge-
» ront le plus digne par fes qualités
» perfonnelles, par fes talents, & par

» fa

» fa bonne conduite, de remplir lefdi-
» tes Cures & autres bénéfices à char-
» ge d'ames, encore qu'il fe trouve en
» concurrence avec d'autres gradués
» plus anciens ou plus privilégiés, le
» tout fuivant ce qui a lieu dans les
» mois d'Avril & d'Octobre, enforte
» que dorénavant les mois de Janvier
» & de Juillet foient réputés *mois de*
» *faveur* entre les gradués *nommés*, à
» l'égard des Cures ou des autres béné-
» fices, auxquels le foin des ames eft
» attaché, & fans que lefdits patrons
» & collateurs foient obligés dans lef-
» dits mois d'avoir aucun égard aux ré-
» quifitions des gradués *fimples*, quoi-
» qu'ils leur euffent fait notifier leurs let-
» tres de degrés & leurs certificats de
» leur temps d'étude : Voulons que la
» difpofition des préfentes foit inviola-
» blement obfervée à l'avenir dans no-
» tre Royaume, à compter du jour de
» la publication qui en aura été faite,
» à l'effet de quoi nous avons dérogé

Tome II.   O

» & dérogeons en tant que de besoin
» à toutes les loix, ordonnances, ré-
» glements & privileges à ce con-
» traires.

ART. VII.

Le Grand-Conseil, dans la connoiſſance qu'il s'attribue des délits des Eccléſiaſtiques en vertu de ſes attributions, ne reſpecte poiut le privilege de Cléricature.

QUoique le Grand-Conſeil n'ait jamais eu de territoire, que ce ne ſoit par conſéquent qu'une juriſdiction extraordinaire, il eſt néanmoins important de faire connoître ſa juriſprudence en matiere de délits eccléſiaſtiques, par rapport aux renvois & aux attributions qui lui ont été & qui peuvent encore lui être faites.

La connoiſſance de *l'uſure* paroît lui avoir été attribuée par un privilege ſpécial ; mais ſoit que la pratique de l'uſure eût trouvé trop de rigueur ou trop de faveur dans les Officiers de ce Tri-

bunal, l'attribution a été révoquée ; on
ne sera pas fâché de trouver ici l'histoire de l'usure en France.

HISTOIRE

De l'Usure en France.

LEs anciens Francs, dans la Germanie, ne connoissoient point l'usure. Maîtres des Gaules, ils furent aussi exempts
de ce vice sous les Mérovingiens ; mais
sous les Carlovingiens, ils devinrent
usuriers : ce désordre obligea ces Princes
à faire des loix contre l'usure, & à
convoquer des Conciles pour condamner les Prêtres usuraires*.

* Concil.
Parif. ann.
829, tit. 53.

Sous les regnes de Louis-le-Gros &
de Louis-le-Jeune, les Juifs firent l'u-
sure, & s'enrichirent : ils publierent que
sans elle, ni le Prince, ni l'Etat ne
pouvoient subsister : ils persuaderent les
Seigneurs, & prirent leur argent à de
gros intérêts, pour le prêter aux Bour-

geois des Villes à un plus fort ; les villes en avoient befoin pour acheter du
Roi, des Ducs & des Comtes, le droit
de *commune* qu'elles recherchoient avec
ardeur.

Les Bourgeois appauvris par les ufures des Juifs, les accuferent de les avoir
ruinés, de s'être rendus par des injuf-
tices criantes les poffeffeurs de leurs immeubles, d'avoir reçu pour gages les
vafes facrés & les tréfors de l'Eglife,
& d'avoir réduit à la fervitude un grand
nombre de Chrétiens.

Philippe-Augufte fut effrayé des richeffes & de la puiffance des Juifs.
Pour ne pas donner fujet à un foulève-
ment, & retirer infenfiblement des Juifs
les biens qu'ils avoient acquis, il accorda aux créanciers & aux débiteurs
une année, afin de régler leurs affaires ; il défendit en même-temps aux
Juifs d'exercer aucune ufure pendant
cet intervalle. Comme cette défenfe
rendit l'argent rare, les Juifs ne vou-

lant plus prêter, le Roi fournit gratuitement aux communes de son Domaine, des sommes pour trois années, en
se contentant d'assurer le principal; il
rétablit ainsi le crédit, & son exmple
apprit aux grands Vassaux à prêter à
leurs Villes d'une maniere désintéres-
sée.

Le Roi, irrité de ce que les Juifs
avoient fermé leurs bourses, fit, en
1182, un édit qni les chassoit de ses
Etats *; en même temps il confisqua
leurs immeubles, & leur donna un
terme pour vendre leurs meubles, ou
les emporter : il déchargea ses sujets
des dettes qu'ils avoient contractées
envers les Juifs, & les rétablit dans
leurs anciennes possessions; mais il
exigea des débiteurs le cinquieme de
ce qu'ils devoient aux Juifs. * Entre les
biens situés à Paris, & confisqués sur
les usuriers, Philippe-Auguste donna
quarante-deux de leurs maisons aux
Drapiers & aux Pelletiers, moyennant

* Rigord in vitâ Philip. Aug. apud Duchesne, t. 5, p. 8 & 9.

* Traité de la police, t. 1, p. 281.

173 liv. de cens : l'acte de cette donation eſt dans le tréſor des Chartes.

Les guerres que Philippe-Auguſte ſoutint contre les Anglois & les Flamands,
obligerent ce Prince de faire de grandes
dépenſes. Les Juifs lui offrirent des
ſommes conſidérables, elles furent ac-
ceptées, & les Juifs rétablis en 1198.

Les Juifs profiterent de cette faveur
pour recommencer leurs uſures, &
commettre d'autres excès. Appuyés du
crédit de Philippe, qu'ils ne laiſſoient
pas manquer d'argent, ils étendirent
leurs uſures dans les domaines des
hauts-Barons, & dans les pays étrangers. Le Pape Innocent III s'en plaignit par un bref de 1213. Il y ex-
horte les Princes à contraindre les
Juifs de remettre les profits uſuraires
que les Chrétiens leur avoient promis,
ou de leur interdire tout commerce ;
il écrivit en particulier à Philippe-Auguſte, d'employer tout ſon pouvoir pour
arrêter les excès des Juifs.

Ce Prince, touché des remontrances du Pape, ne put le satisfaire comme il le souhaitoit; cependant il réprima quelques désordres des Juifs, & réduisit l'usure à des bornes qui la rendirent moins odieuse. Son ordonnance est de l'an 1218 *. Il leur défendit de prendre pour gages les vases sacrés, les ornements de l'Eglise, les lits, les meubles, les chevaux, les charrues, & les ustensiles dont on se servoit pour la culture de la terre.

Le Prince leur fit aussi défenses de prêter aux Chanoines sans le consentement de leurs Chapitres, & aux Religieux, sans celui de leur Abbé. Il modéra leurs usures, ordonnant de ne prêter qu'à raison de deux deniers pour livre par mois, & régla que cet intérêt ne commenceroit à courir qu'un an après le prêt; il défendit d'user de contrainte par corps envers les Chrétiens, de faire vendre leurs héritages, & de les obliger d'aliéner leurs ren-

* Recueil des ordonn. t. I, p. 36.

tes (*a*) ; mais il accorda que les deux tiers des revenus des débiteurs feroient affignés aux Juifs créanciers pour leur payement, voulant que l'autre tiers demeurât libre aux débiteurs, & que, du jour de la publication de fon ordonnance, les ufures fuffent abolies.

Louis VIII, fon fils & fon fucceffeur, ne régna que trois ans ; il ne fit point de changement dans l'article qui concernoit l'ufure ; il défendit en général les profits ufuraires par fon ordonnance de l'an 1223. Robert, Comte de Dreux, promit pour le Duc de Bretagne fon frere de faire obferver cette loi*.

Saint Louis, par fon *établiffement* de

* Lobineau, t. I, l. 7, n. 31.

(*a*) Tandis que Philippe-Augufte traitoit les ufuriers humainement, Foulques, Evêque de Touloufe, les puniffoit en tyran : ce Prélat établit une confrairie, dont les Prevôts Aimeri de Caftelnau, Arnaud fon frere, & deux Bourgeois, ajournerent à leur tribunal les ufuriers, les obligerent à payer leurs débiteurs, & punirent les contumax par le pillage & la deftruction de leurs maifons. *Hift. de Langued.* t. 3, *p.* 207.

l'an 1230, ordonna que les sommes dues aux Juifs seroient payées en trois années ; que le terme de chaque payement écherroit à la Toussaints ; que le Roi & les Barons ne permettroient pas aux Chrétiens de prêter à usure (il entendoit par usure tout ce qui se paye au-delà du sort principal). Joinville prêta sans usure ; mais il ne prêta jamais une somme assez forte, pour que la perte de sa dette pût l'incommoder *.

Saint Louis ne pouvant réprimer les usures & les autres excès des Juifs, les chassa de ses domaines en 1248, & partit pour sa premiere croisade. Revenu dans ses Etats en 1254, il y rétablit les Juifs aux conditions indiquées dans son ordonnance du mois de Décembre de la même année ; elle porte qu'ils s'abstiendront de toutes usures, &c. mais ayant reconnu par une longue expérience, qu'il étoit impossible de gagner ce point sur les Juifs, il les fit arrêter, & saisir leurs biens en 1268.

* Recueil des ordonn. t. I, p. 57.

Peu de temps après, il les rétablit dans ses Domaines ; les Juifs promirent de ne plus exercer l'ufure. Saint Louis prit des précautions pour les diftinguer de fes fujets, & Philippe-le-Hardi fon fucceffeur fit exécuter fes ordonnances.

Philippe-le-Bel, par celle de 1299, » déclara que voulant fuivre les traces » de fes prédéceffeurs dans les chofes » qui tendent à faire régner la vertu, » exterminer les vices, & procurer » à fes fujets la tranquillité, il veut » que l'ordonnance faite par Saint » Louis au mois de Décembre 1230, » pour réprimer l'abyme des ufures, » foit inviolablement gardée ; qu'aucun » Officier de juftice ne contraigne ceux » qui ont paffé des obligations au pro- » fit des Juifs & d'autres ufuriers notoi- » res, ou qui s'en font rendus cau- » tions, à leur en payer quelque chofe » au-delà du fort principal, & défend » à fes Officiers de fceller à l'avenir » de pareilles obligations *.

* Ibid. p. 333.

Cette ordonnance fut confirmée par une autre donnée à Vincennes en 1303.

Cependant le Roi Philippe, informé en 1302 que les *Inquiſiteurs de la Foi* en France vouloient prendre connoiſſance des uſures & autres crimes commis par les Juifs, défendit à ſes Juges, par une ordonnance de la même année, de faire arrêter, & même d'inquiéter les Juifs à la requiſition des Inquiſiteurs.

Ces Juges d'Egliſe voulurent faire exécuter le décret du Concile de Lyon qui bannit les Juifs des Royaumes catholiques *. Un Evêque qui permettoit à des uſuriers de louer des maiſons dans ſon Dioceſe pour exercer l'uſure, étoit ſuſpens de l'office & du bénéfice, juſqu'à ce qu'il les eût chaſſés; cette ſuſpenſe ne fut point admiſe en France, parce qu'un Evêque ne peut empêcher qu'un uſurier public demeure dans ſon Dioceſe; il ne peut l'en chaſſer, lorſqu'il y eſt établi : l'un & l'autre appartiennent au Magiſtrat laïc.

* C. 1. de uſur. in 6, Concil. Lugd. 1273.

Cependant la France reconnoissoit toujours l'autorité des canons qui prononcent la peine de la suspense contre les Clercs usuriers * ; mais elle n'eut pas la même déférence pour les canons qui défendoient aux laïcs de faire le commerce avec les Juifs, ou qui ordonnoient aux Princes de contraindre les Juifs de remettre aux Chrétiens les intérêts que ceux-ci leur avoient promis, ou qui leur avoient été extorqués.

* Alexand. III, cap. præterea extra de usur.

Les Princes regardant ces derniers canons comme des entreprises faites sur leur autorité, firent des édits par lesquels ils ordonnerent, que les usuriers, sans aucune distinction de qualité & d'état, seroient punis d'amende honorable, de bannissement, & d'autres peines plus graves selon la nature de l'usure.

En 1306, Philippe-le-Bel fit saisir les biens des Juifs & des autres usuriers publics. Ses Officiers qui avoient emprunté en son nom, avoient jetté un grand désordre dans ses affaires ; ses finances étoient épuisées ; il ne trouva d'autres moyens pour les rétablir que d'augmenter les impôts, de s'emparer des biens des Juifs, & de chasser cette nation de ses Etats : il manda au Sénéchal de Toulouse & de Bigorre de faire vendre au profit de sa Couronne les possessions des Juifs ; il enjoignit aux acquéreurs de ces biens, de lui révéler, ou à ses gens, les trésors qu'ils trouveroient, menaçant de les punir s'ils différoient à faire cette déclaration.

A l'exemple des Juifs, les François commencerent à exercer l'usure ; le commerce des billets détruisit absolument l'agriculture : ce moyen de s'enrichir est plus facile & plus court, que celui d'acheter des terres & de les cultiver. Il ne faut aucunes peines pour doubler son bien en peu de temps ; il suffit de laisser couler quelques mois pour accumuler ses revenus.

L'imprudence des marchands, & leur

excessive cupidité fit entrer l'usure dans le commerce ; les uns s'engagerent témérairement dans de mauvaises affaires ; ils crurent en sortir par des emprunts usuraires ; cependant ils firent naufrage.

D'autres, par le desir de devenir riches en peu de temps, entreprirent un commerce au-delà de leurs forces ; ils grossirent le fonds médiocre qui leur appartenoit, par des emprunts usuraires ; mais séduits par l'avidité du gain, ils perdirent même leur propre fonds, & furent réduits à l'indigence.

Louis X, surnommé Hutin, touché des maux de l'Etat, renouvella les ordonnances de Saint-Louis contre les Juifs & les autres usuriers ; mais cette réforme ne fut pas soutenue avec assez de fermeté : les commencements eurent de la chaleur, elle se rallentit ensuite, enfin le Roi succomba aux sollicitations qu'on lui faisoit de rétablir les Juifs ; ils le furent en 1315 par un

* Traité de la police, t. I, p. 284. Usage gl. des fiefs, p. 613.

édit dont voici quelques clauses *. Qu'ils n'occuperoient point les lieux qu'on leur avoit autrefois interdits ; qu'ils travailleroient de leurs mains, ou qu'ils feroient le commerce de marchandises bonnes & loyales ; qu'à l'égard de ce qui leur étoit dû légitimement, lorsqu'ils furent chassés, ils en auroient le tiers, & le Roi les deux tiers ; que les lettres de prêts qu'ils auroient faites depuis ce temps, seroient nulles ; qu'ils ne prêteroient point à usure ; & que s'ils le faisoient, ils n'excéderoient point deux deniers par livre par semaine. Mais les Juifs ne furent pas dociles aux défenses faites contre l'usure ; l'incertitude des fortunes la naturalisa pour ainsi dire dans l'Etat, chacun augmentant le prix de son argent à proportion du péril de le perdre.

Les Juifs furent tantôt chassés, tantôt rétablis dans le Royaume : cette alternative de fortune ne fut fixée qu'en 1406. Charles VI les bannit sans espérance

rance de retour, & les obligations qui étoient à leur profit furent brûlées. La plupart des Juifs se retirerent dans Metz & le Pays Messin, où les Rois les ont tolérés depuis que cette ville est sous leur domination : on l'a nommé le *paradis des Juifs ;* ils ne furent plus rappellés dans le Royaume; mais ils avoient appris aux François à exercer l'usure. Charles VII, Louis XI, Charles VIII & Louis XII firent des loix pour la réprimer ; Louis XI poussa la sévérité, jusqu'à faire punir les usuriers du quadruple, au-lieu que les larrons ne l'étoient encore que du double ; ceux-là pour s'être servis de la multiplication, & ceux-ci de la soustraction. On n'aura aucune peine à croire cette disposition, quand on saura que les loix Romaines que ce Prince vouloit faire revivre, faisoient perdre la dette à celui qui demandoit plus qu'il ne lui étoit dû ; ce qui n'a pas lieu dans le droit François, qui a supprimé la peine de la *plus pe-*

tition ; on a feulement eftimé que cé-
lui qui exigeoit fon dû avec violence ,
pourroit en être déchu : *juftè jufta pe-
tenda.*

Quoique l'ufure ait toujours mérité
la dépofition d'un Clerc coupable de
ce crime , cependant elle ne l'a jamais
par elle - même rendu irrégulier ; mais
feulement à raifon de l'infamie qui
provient de la publicité.

Au treizieme fiecle, l'ufure & l'héréfie n'étoient pas encore des cas privilégiés : le Juge d'Eglife en connoif-
foit feul : elles font exceptées des délits dont les Barons François voulurent
alors recouvrer la compétence. Cette
exception eft dans un mémoire qu'ils
firent paroître contre le Clergé en 1246.
» Nous , difent-ils , qui fommes les pre-
» miers du Royaume , avons ftatué avec
» ferment , & par le préfent décret
» ftatuons ce qui fuit ; favoir : qu'au-
» cun clerc ou laïc n'exigera de com-
» parution devant un Juge d'Eglife ,

« » hors les cas d'héréfie , de mariage &
« » d'ufure , fous peine de la perte de
« » tous fes biens & de la mutilation *.

Mais les peines décernées par les Juges d'Eglife , n'étant pas affez fortes
pour réprimer l'ufure, Saint-Louis, dans
fes *établiffements*, ordonna que la connoiffance de l'ufure appartiendroit au
Juge laïc, & que celui-ci , après avoir
condamné un ufurier , & confifqué fes
meubles, le renverroit *en Cour d'Eglife*,
où on lui impoferoit une peine *canonique.* Cette jurifprudence qui déplut aux
Officiaux , fut foutenue par Beauma-
noir , Jurifconfulte du treizieme fiecle *;
mais il eft affez probable que le Juge
laïc ne connut alors que des ufures commifes par des laïcs, & que ce crime
n'eft devenu un cas privilégié, que lorfque les ordonnances ont puni clairement
& fans diftinction d'état les ufuriers par
des amendes honorables , le banniffement, & d'autres peines corporelles.
L'ordonnance de Philippe - le - Bel en

* Math. Pa-
ris, p. 697,
preuv. des
libert. t. I,
ch. 7, art.
8, 9.

* Beauma-
noir, ch. 68,
p. 345 à la
fin.

1299 , & celle de Philippe-le-Long en 1318 , supposent que les Juges laïcs étoient en possession de cette compétence ; mais elle leur fut encore disputée par les Officiaux.

Charles V , par son ordonnance de 1371 , défendit aux Juges ecclésiastiques de connoître même par rapport aux clercs, des actions réelles, des cens, & des rentes assignées sur les héritages. Cette loi fut étendue aux usures par les Tribunaux laïcs ; on croit que l'Official & le Juge Royal commencerent alors à instruire conjointement le procès des clercs usuriers, & que l'appel de leurs sentences fut porté aux Cours souveraines. Le Journal du Parlement, recueilli par Jean le Coq, Avocat du Roi en cette Cour, contient plusieurs arrêts contre les usuriers. Depuis 1384 jusqu'en 1414, on regarda les usuriers comme des désespérés , & l'Eglise leur refusa les Sacrements & la sépulture. Louis XII ôta à ceux qui prêteroient aux fils de famille, l'espérance de s'en faire payer.

En 1594, Henri IV donna des lettres qui attribuerent au Grand-Conseil la connoissance de l'usure; le Parlement ne les ayant pas enregistrées, cette Cour & les Juges de son ressort continuerent de connoître de ce crime; & *sur les occasions particulieres qui se présenterent, ils maintinrent les sujets du Roi dans l'observation des édits & ordonnances antérieures à ces lettres* *.

Le Grand-Conseil, voyant les Juges ordinaires persister dans la connoissance du crime d'usure, décerna des contraintes contre les Greffiers, & décréta même des Juges inférieurs; mais enfin le Parlement fit cesser ces entreprises sur de célebres remontrances qu'il fit au feu Roi le 27 Novembre 1755. Les lettres d'attribution furent révoquées.

Parmi les abus que peuvent entraîner les attributions faites au Grand-Conseil de la connoissance des délits, la possession où il est de dénier aux Ecclésiasti-

* Reg. du Parl. 15 Décembre 1594.

ques accusés de crimes le renvoi aux Juges d'Eglise, est un des principaux ; pour en convaincre, il est nécessaire de tracer l'histoire de ce renvoi, & celle de la compétence des Juges laïcs & d'Eglise dans les procès criminels faits aux Ecclésiastiques.

HISTOIRE

Du renvoi des Eccésiastiques & de la compétence des Juges laïcs dans les procès criminels des Clercs.

LEs Juges laïcs ont commencé par refuser de renvoyer au Juge d'Eglise un Ecclésiastique accusé du crime de leze-Majesté ; ils ont ensuite étendu ce refus, lorsqu'un Clerc étoit accusé d'homicide de guet-à-pens, d'adultere, & d'autres crimes énormes. Les Maire & Echevins de Sens refuserent de renvoyer à l'Evêque un Clerc pris *en flagrant délit.* L'Evêque s'en plaignit à Philippe-

Augufte. Ce Prince ordonna de remettre entre les mains du Prélat le prifonnier pour lui faire fon procès, & le punir felon l'atrocité de fon crime *.

Dans le 13ᵉ. fiecle, on renvoyoit au Juge d'Eglife un Eccléfiaftique prévenu de crimes, lors même qu'il avoit quitté l'habit de fon état; mais enfuite cet ufage a varié *. Gui-Pape, Confeiller au Parlement de Grenoble, dans le 14ᵉ. fiecle, affure que de fon temps, les Eccléfiaftiques arrêtés en habits laïcs, & accufés de cas graves, n'obtenoient point leur renvoi au Juge d'Eglife.

En 1517, les Juges Royaux ne voulurent plus reconnoître l'ufage de renvoyer aux Juges d'Eglife les fimples Clercs accufés de cas privilégiés, foit que ces Clercs euffent confervé ou quitté leurs habits *.

En 1354, M. Bourdin, Avocat du Roi, & enfuite Procureur-Général, diftinguoit les fimples Clercs de ceux qui étoient dans les ordres facrés, lorf-

* T. I du Recueil des ordonn. p. 43.

* 3e. partie du ftyle du Parl. tit. 38.

* Lizet, l. 1, tit. 4, p. 33.

qu'il s'agissoit du renvoi * : il disoit que les procès criminels des Prêtres doivent retourner aux Juges Ecclésiastiques ; à l'égard des simples Clercs, il observoit qu'il y avoit des délits si graves pour lesquels on ne pouvoit les renvoyer au Juge d'Eglise, ni même à la charge du cas privilégié.

L'ordonnance de Roussillon, donnée au mois de Janvier 1563, s'explique ainsi sur le renvoi des Ecclésiastiques à leurs Juges : *En quelque matiere que ce soit, civile ou criminelle, nul ne sera recevable à requérir par vertu du privilege clérical, être renvoyé devant le Juge d'Eglise, s'il n'est Sous-Diacre pour le moins* *.

Avant cette ordonnance, les Clercs défendeurs sans exception pouvoient en matiere personnelle demander leur renvoi ; ils pouvoient aussi ne le pas demander, nonobstant les constitutions canoniques, qui déclarent que ce privilege des Clercs est de droit public, & qu'ils ne peuvent y renoncer *.

Trois ans après l'ordonnance de Rouffillon, parut celle de Moulins en 1566. Elle comprit dans ce renvoi les Clercs *actuellement réfidents ou fervants aux offices, au miniftere, & aux bénéfices eccléfiaftiques.* La déclaration du 10 Juillet 1566, ajouta les écoliers *étudiants fans fraude,* & tous les Clercs bénéficiers ; mais l'ordonnance de 1606 leur laiffa la liberté de décliner la jurifdiction eccléfiaftique. Cette loi n'impofe l'obligation de reconnoître cette jurifdiction qu'aux Prêtres, Diacres, Sous-Diacres, & aux Religieux qui ont fait les trois vœux folemnels.

En 1601, Innocent Garreau, Prêtre, fut accufé d'avoir débauché une Demoifelle, d'avoir commis avec elle un adultere, & de lui avoir aidé à tuer fa mere. Garreau fut mis entre les mains du Lieutenant-Criminel de Chartres pour lui faire fon procès ; ce Juge condamna l'acusé à être pendu & brûlé : ce jugement ayant été confirmé par arrêt du Parlement le 21 Juillet 1601, le coupable fut mené à l'Évêque de Paris pour être dégradé. Le Prélat & son Official le refuserent, parce qu'on ne leur avoit pas renvoyé le criminel ; l'affaire traîna en longueur. M. le Préfident Seguier en fit plainte à la Tournelle, & la Cour ordonna que le prifonnier & fon procès feroient renvoyés à l'Official de Paris, qui rendit fa fentence ; appel à Sens, & jugé ; appel à Lyon, & jugé ; Garreau fut enfuite dégradé par l'Evêque de Paris, & exécuté le 12 Mars 1605.

En 1609, Hérillon, Prêtre, accufé d'affaffinat commis en habit féculier, l'épée au côté, fut renvoyé à l'Official de Paris par arrêt du Parlement donné le 13 Août 1609, lequel caffa en même-temps la fentence du Lieutenant Criminel qui avoit refufé le renvoi *.

En 1608, le Lieutenant-Criminel de

* Nouv. mém. du Clergé, t. 7, col. 483. 484, &c.

Chartres avoit jugé un Bénédictin coupable d'un affaffinat commis en habit laïc, l'épée au côté, fans le renvoyer pour le délit commun à l'Official ; le Parlement, par fon arrêt du 5 Septembre de cette année, caffa la procédure, renvoya pour le délit commun au Juge d'Eglife, fauf le cas privilégié, pour lequel affifteroit un Confeiller du Préfidial de Chartres.

Un Prêtre, nommé Belin, s'étant marié, fut arrêté en 1702 en habit laïc, portant l'épée : fon procès fut inftruit à Paris conjointement par l'Official & le Lieutenant-Criminel.

On ne procéda pas abfolument de même en 1704 contre l'Abbé de Grand-Pré, accufé d'avoir affaffiné le Marquis de Vervins : il étoit évident par les informations, que l'Abbé n'avoit pas l'habit clérical lorfqu'il commit le crime. Le Promoteur ayant réclamé le criminel, le Juge laïc ordonna qu'avant faire droit fur le renvoi, il feroit jufti-

fié que l'Abbé de Grand-Pré étoit Prêtre, Diacre, Sous-Diacre, ou Clerc vivant cléricalement, réfident & fervant
aux offices ou miniftere de quelque
bénéfice : il y eut appel de cette fentence au Parlement. M. le Cardinal de
Noailles prit le fait & caufe de fon
Promoteur, & demanda le renvoi de
l'Abbé de Grand-Pré devant l'Official
de Paris.

Le 3 Novembre, intervint un arrêt
qui mit l'appellation au néant, & laiffa
l'accufé au Châtelet de Paris, *pour lui
être le procès continué par le Lieutenant-
Criminel, fans que l'arrêt puiffe tirer
à conféquence contre le Clergé en autres
caufes, & lui puiffe nuire ni préjudicier.*

Cet arrêt, qui ne fait que confirmer
une fentence interlocutoire jufte, loin
de donner atteinte au privilege clérical, le conferve. Remontons à fon
origine.

§. I.

Des conflits de Jurisdiction entre les Juges laïcs & d'Eglise dans les 10e. 11e. 12e. 13e. & 14e. siecles.

CHarlemagne avoit défendu à ses Officiers de citer les Ecclésiastiques à leurs tribunaux. Le Clergé, dans les 10e. & 11e. siecle, appuyé de cette défense & de celle des Papes, refusa de reconnoître la compétence des Juges laïcs, & les Evêques prétendirent que le droit qu'ils avoient de faire le procès aux Clercs de leurs Dioceses, prévenus de crimes, étoit exclusif.

Il est vrai que les Ecclésiastiques ont des immunités qui les mettent à couvert des pourfuites ordinaires de la justice criminelle. Il semble que leur état & leur profeffion méritent des diftinctions & des ménagements, & c'eft pour cette raifon que les Princes permettent à leurs Supérieurs de les juger avant de les livrer au bras séculier. Cependant il est aisé de voir que ce privilege accordé au Juge d'Eglise n'est pas essentiel à la Religion, quelques efforts qu'on ait faits à Rome pour le persuader aux Chrétiens.

Le différend dura pendant plusieurs siecles, & retardoit la punition des crimes : il obligea les Papes à connoître en premiere instance des affaires criminelles qui concernoient les Ecclésiastiques du second ordre.

Vers la fin du douzieme siecle, Simon, Abbé de Conches dans le Diocese d'Evreux, fut accusé d'avoir dissipé par ses débauches les revenus de son Monastere *. Garin, son Evêque, le chassa de l'Abbaye, sans lui avoir fait son procès. Simon s'en plaignit au Pape Célestin III, qui écrivit à deux Archidiacres d'Evreux de recevoir les dépositions contre l'Abbé de Conches, & de les lui envoyer scellées de leurs sceaux.

* Hist. d'Evr. ch. 24, édit. 1722.

L'affaire traînant en longueur, Innocent III, succeſſeur de Céleſtin, chargea l'Evêque de Liſieux & l'Abbé Valricher d'inſtruire ce procès. Le Pape reçut & revit les informations : il condamna Simon à quitter ſon Abbaye, & à ſortir du Dioceſe d'Evreux.

Cette entrepriſe du Pape auroit dû engager les Evêques & les Seigneurs à s'accommoder ; mais au-lieu d'y penſer, les uns & les autres ſe donnerent pluſieurs ſujets de s'accuſer réciproquement ; ils continuerent à ſe conteſter la juriſdiction contentieuſe ; l'oppoſition des intérêts tint les Evêques & les Seigneurs les uns à l'égard des autres dans une eſpece de guerre, dans laquelle les premiers avantages furent pour le Clergé. Les Juges laïcs furent réduits à proteſter. Un ſimple tonſuré avoit ſes cauſes commiſes devant l'Official du Dioceſe où il demeuroit : le Juge laïc ne pouvoit le pourſuivre ; & ſi quelqu'un levoit la main pour le prendre, & le conduire en prison, il étoit aussi-tôt frappé d'anathêmes : les Papes appuyerent de leur autorité cet abus. Grégoire IX osa avancer, *que les Magistrats laïcs ne doivent prendre aucune connoissance des affaires des Clercs ni de leurs mœurs.*

Un Concile de Normandie, en 1231, soutenu de cette maxime, ordonna aux Juges laïcs, sous peine d'excommunication, de rendre aux Juges d'Eglise les Ecclésiastiques qu'ils auroient surpris en flagrant délit. Un autre Concile de cette Province, en 1299, menaça aussi d'anathême les laïcs qui connoîtroient des causes où les Ecclésiastiques seroient intéressés.

En 1288, un Clerc ayant été accusé de meurtre, les informations en furent faites par le Bailli de Chaumont. La mere de celui qui avoit été tué, demanda en la Cour de Champagne, que l'accusé fût, suivant les informations, jugé par ladite Cour, & puni selon l'exigence l'exigence du cas. La Cour, après avoir entendu le rapport du Bailli, prononça » que l'accusé feroit arrêté par le Bailli, » & remis à l'Evêque du lieu pour le » punir; mais que tous les héritages que » le dit Clerc accusé poſſédoit au mo- » ment du meurtre commis, feroient » mis en la main du Roi (Comte de » Champagne) comme forfaits; & que » le Bailli n'en feroit point la déli- » vrance fans un ordre exprès de Sa » Majeſté „ *.

Pour faire le procès criminel à un Prêtre, il falloit ſix Evêques; & pour un Diacre, trois ou quatre. Les moindres Clercs étoient jugés par leur Evêque aſſiſté de ſon Clergé; pour condamner un Prêtre, on exigeoit 40 témoins, 37 pour un Diacre, 7 pour le moindre Clerc : ces témoins, s'ils étoient laïcs, devoient avoir femmes & enfants *. Gra- tien cependant convenoit que deux ou trois témoins dignes de foi ſuffiſoient pour prononcer une condamnation légitime.

* Regiſt. des Grands-Jours de Champ. fol. 89.

* 19. qu. 7; c. ſi quis.

Lorsque le crime d'un Clerc étoit atroce, & le coupable opiniâtre & incorrigible, l'Evêque le dégradoit, & le livroit au Juge féculier, pour être puni felon la rigueur des loix ; mais avant la dégradation, on requéroit trois fentences conformes dans différents Tribunaux eccléfiaftiques : le Juge laïc ne pouvoit ni rendre de jugement, ni le faire exécuter, qu'après toutes ces formalités dont la longueur & la multiplicité favorifoient l'impunité des défordres.

Ainfi l'effet le plus fenfible du privilege clérical, fut de mettre les coupables à couvert des rigueurs de la juftice ; ce fut une des plaintes de Pierre de Cugnieres, que ceux qui vouloient commettre de grands crimes prenoient auparavant la tonfure pour s'affurer l'impunité. Tigouville, ou Tignouville, Prévôt de Paris fous Charles VI, fut privé de fa charge, & obligé à une réparation publique, pour avoir condamné & fait exécuter à mort deux écoliers convaincus de vols.

Cependant on fe plaignit de ce que les Juges d'Eglife négligeoient de punir les crimes ; qu'ils fe contentoient de pénitences légeres ; qu'ils n'abandonnoient prefque plus au bras féculier les Clercs convaincus de crimes capitaux, & qu'à Rome on obtenoit facilement des abfolutions & des réhabilitations.

Ainfi l'indulgence des Officiaux & la facilité du Pape à pardonner les crimes, les rendit plus fréquents. Un Official puniffoit un vol, un meurtre, & d'autres crimes, par les cenfures, le fouet, & le banniffement *. En Normandie, au treizieme fieclé, un Clerc prévenu de crime & enfermé dans les prifons du Juge laïc, étoit mis entre les mains du Juge d'Eglife ; s'il étoit convaincu de vol ou d'homicide, l'Official le condamnoit à être dégradé, & au banniffement ; c'étoit la feule punition qu'il fubiffoit: il ne pouvoit rentrer dans le reffort d'où il étoit banni, fans la permiffion du Roi. Si, après l'avoir obtenue, il commettoit

* Fevret, traité de l'abus, l. 8 , ch. 4, Chop. police eccléf. l. 2 , ch. 3 , n. 12.

quelque crime, le Roi lui faifoit faire fon procès comme à un laïc *.

L'impunité ayant enhardi & multiplié les crimes des Eccléfiaftiques, les Juges laïcs furent obligés de faire le procès aux Clercs prévenus de crimes, en obfervant des égards pour la jurifdiction contentieufe du Clergé. En 1312, le Parlement, par un arrêt de réglement, ordonna que fi les Officiaux renvoyoient abfous les Clercs malfaicteurs, le Roi n'en confifqueroit pas moins leurs biens, & qu'on faifiroit le temporel des Juges d'Eglife, s'ils procédoient par les cenfures à raifon de cette confifcation *.

Baftien de Breban, Clerc marié, étant accufé, en 1371, du crime de leze-Majefté, il fut ordonné par un arrêt du mois de Janvier de la même année, qu'il feroit jugé par l'Evêque de Paris, & que deux Confeillers Clercs feroient préfents avec l'Official, *en la maniere accoutumée en tel cas d'ancienneté* *.

* Bruffel, t. 2, p. 26.

* Reg. *olim* 1312, biblioth. de St. Germain.

* T. 7 des mém. du Clergé, p. 923.

Jacques Fabri, Clerc du Diocese d'Auxerre, fut condamné en 1375, par le Prévôt de Moret en Gâtinois, à être pendu; la fentence fut exécutée un Dimanche. L'Archevêque de Sens fe plaignit au Parlement du jugement & de fon exécution; le 13 Août de la même année intervint un arrêt, qui ordonna que le corps de Fabri feroit tiré de la potence par l'Exécuteur de la haute-juftice, mis dans un cercueil, & conduit à la porte de l'Eglife Cathédrale de Sens, où le Prévôt de Moret fe trouveroit pour y déclarer, *que par inadvertence, il avoit fait pendre Jacques Fabri, dont il rendoit le corps à l'Eglife, parce qu'il étoit Clerc tonfuré.* L'Arrêt condamne le Prévôt envers l'Archevêque à cent livres de dommages & intérêts, fomme alors confidérable *. *Ibid p. 551.

Cet exemple & celui du Prévôt de Paris que j'ai rapporté plus haut, prouvent que dans le 14e. fiecle, les Prévôts & les Baillis jugeoient encore les

Q iij

matieres criminelles en dernier reſſort, & que *l'appel de droit* étoit encore inconnu dans notre Juriſprudence.

La même année que Philippe-le-Bel fit arrêter l'Evêque de Pamiers, les Evêques aſſemblés à Reims ordonnerent de ceſſer l'office divin, ſi un Juge laïc entreprenoit de faire arrêter un Eccléſiaſtique. En 1324, ils ſoutinrent en préſence du Roi, qu'aucun Clerc n'étoit obligé de ſe ſoumettre au jugement d'un Officier laïc.

Néanmoins on remarque dans les anciens regiſtres du Parlement, que non-ſeulement le Roi, mais encore ſes Officiers, prenoient connoiſſance des délits dont les Eccléſiaſtiques étoient prévenus.

Au 14e. ſiecle, un Juge laïc faiſoit ſeul le procès à un Clerc Officier du Roi ou de Juſtice * : on obſerva cette juriſprudence en 1398. Le Procureur du Roi, dans la cauſe des Evêques de Paris & de Chartres, ſoutint alors qu'un

* Clariſſ. l. 5, ſentent. §. fin. qu. 36.

Clerc Officier du Prince, condamné à l'amende par un Juge laïc pour un délit commis dans son office, ne devoit pas être renvoyé au Juge d'Eglise.

En 1396, un Conseiller Clerc au Parlement fut condamné à faire amende honorable pour une fausseté commise dans l'exercice de sa charge *. Après ces exemples, on est surpris que François I ait demandé une bulle à Clément VII, pour punir des Clercs mariés qui exerçoient des Charges laïques.

* Reg. du Parl. en 1496.

§. II.

De la compétence des Juges d'Eglise & laïcs sous François I, Henri II & François II, dans les procès criminels faits aux Ecclésiastiques du second ordre.

EN 1517, les Officiers du Pape présenterent des plaintes contre le Parlement de Provence; ils insisterent sur ce

qu'on mettoit les Ecclésiastiques en prison pour dettes & pour crimes. Les Gens
du Roi en convinrent, & soutinrent
que les Clercs accusés de crimes énormes étoient ajournés de droit devant le
Juge Royal; mais qu'après leur interrogatoire, on les renvoyoit à leur Juge
pour le délit commun, à la charge du
cas privilégié.

En 1544, on fit défense aux Officiaux d'assister aux jugements des Ecclésiastiques pour les cas privilégiés qui
méritent les galeres. Par deux arrêts,
le premier donné le 27ᵉ. de Mai, l'autre le 29ᵉ. du même mois 1544, on
défendit aux Officiers Royaux de juger avec les Officiaux; mais on enjoignit à chaque Juge de rendre sa
sentence séparément. Cette défense est
faite aux Officiers du Roi, sur peine *de
suspension de leurs états pendant un an
pour la premiere fois, & privation d'iceux
pour la seconde:* cette peine, ordonnée par
le premier arrêt, fut changée par le se-

cond : le Juge y eſt condamné à *cent livres d'amende pour la premiere fois, à une ſuſpenſion d'un an pour la ſeconde, & à d'autres amendes arbitraires* laiſſées à la diſcrétion de la Cour.

Le Parlement craignant que les Jugées d'Egliſe, après avoir inſtruit les procès des Clercs, ne les renvoyaſſent abſous, fit des réglements pour empêcher ce déſordre. Il commença par ordonner que les Officiers du Roi aſſiſteroient à l'examen du délit commun. Le Roi défendit aux Juges d'Egliſe *de procéder à l'expédition des procès pour les cas privilégiés, ſans y avoir appellé le Procureur du Roi établi dans la Juriſdiction eccéſiaſtique* *.

Le Prince devoit avoir ſes Procureurs dans les Officialités, comme les Evêques avoient des Promoteurs dans les Sieges Royaux, afin que chacun pût réclamer les cas de ſa compétence : mais comme les Cours d'Egliſe ne ſoufroient qu'avec peine les fonctions de

* Freret en ſes Baſiliques, l. 1, tit. 4. de la juriſd. eccléſ.

ces Procureurs, leurs offices ne furent presque point remplis dans la plupart des Officialités, & les Juges d'Eglise négligerent d'avertir les Officiers du Roi des cas privilégiés dont les Clercs prisonniers d'un Evêque étoient prévenus.

Ce fut pour remédier à cet abus, qu'Henri II, dans son édit du mois de Novembre 1549, & dans celui de Château-Briant en 1551, ordonna aux Juges d'Eglise d'avertir les Juges Royaux des cas privilégiés, *afin*, dit le Roi, *de procéder ensemblement ou séparément, ainsi qu'ils verront être le plus commode & convenable de faire pour le bien de la justice, & plus brieve expédition d'icelle à la confection des procès, sentences & jugements.*

En 1559, Dubourg, Conseiller Clerc au Parlement, & Diacre du Diocese de Paris, fut arrêté pour fait de Calvinisme. Du Bellay son Evêque fit informer contre lui ; il lui envoya une

expofition de foi : le prifonnier la lut,
fe fit apporter du papier & de l'encre,
& en compofa une de fa façon dont
l'Evêque ne fut pas content ; il en préfenta une feconde : elle étoit remplie
d'équivoques, ce qui la fit rejetter.
Dubourg fut condamné comme héré-
tique par fentence de l'Evêque de Paris ; il en appella comme d'abus au Parlement, qui le renvoya à fes Juges na-
turels. Il fe pourvut par deux appels
fimples, l'un au Métropolitain de Sens,
l'autre au Primat de Lyon ; les trois
fentences furent conformes.

Dubourg n'efpérant plus de jugements favorables, implora les protection
de l'Electeur Jean-Fréderic de Saxe.
Ce Prince le demanda au Roi pour
enfeigner le droit dans fon Univerfité
de Wittemberg ; l'Electeur ne put obtenir cette grace. Dubourg fut abandonné au Parlement, qui lui fit fon
procès, & prononça contre lui un arrêt de mort ; il fut dégradé de fes or-

dres. On différa fon exécution jufqu'au 23e. de Décembre 1559, felon la coutume de ce temps, de remettre les châtimens exemplaires le plus près qu'on pouvoit des grandes fêtes ; il fut ëtranglé & brûlé en place de Grêve. L'Hiftorien Benoît dit de ce genre de fupplice, que c'étoit *mourir comme les gens du monde* *.

* Benoît, t. 1, p. 20, 21.

Les Juges Royaux fe tranfportoient aux Jurifdictions eccléfiaftiques, pour inftruire le cas privilegié ; les Officiaux fe rendoient quelquefois aux Tribunaux laïcs, pour inftruire le délit commun : ce tranfport réciproque des Juges n'eft pas contraire à l'édit de Château-Briant (a).

Il étoit difficile alors de tranférer d'une

(a) L'édit de Château-Briant fut donné au mois de Juin 1551, & vérifié au Parlement le 3e. de Septembre de la même année : il éprouva des contradictions ; mais comme la plupart de fes articles n'ont jamais été bien obfervés, on ne peut dire avec l'Abbé Lambert dans fon hiftoire de Henri II, que cet édit ait été funefte à la liberté des fuffrages dans le Parlement.

prifon à l'autre les Clercs accufés des erreurs qui avoient troublé le repos public : il auroit fallu des gardes nombreu-fes, pour s'oppofer aux efforts des Pro-teftants dont la multitude n'auroit pas manqué de fauver les prifonniers. Afin d'éviter ce danger, on fut d'avis d'o-bliger l'Evêque de l'accufé de donner à un des Confeillers Clercs du Parle-ment des lettres de *Vicariat*, pour te-nir la place de l'Official ; & s'il les re-fufoit, *de l'y contraindre par la faifie de fon temporel jufqu'à ce qu'il eût obéi.*

---

§. III.

De la compétence des Juges d'Eglife & laïcs fous les Rois Charles IX, Henri III, Henri IV, & Louis XIII, dans les procès criminels faits aux Eccléfiaftiques du fecond ordre.

CHarles IX, informé des difficultés qui fe rencontroient en faifant le procès aux Eccléfiaſtiques du ſecond ordre accuſés de crimes, crut les lever par ſon ordonnance de Moulins : elle eſt datée du mois de Février 1566. *Ordonnons,* dit ce Prince, *que nos Juges & Officiers inſtruiront & jugeront en tous cas les délits privilégiés contre les perſonnes eccléſiaſtiques, avant de faire aucun délaiſſement en renvoi d'icelles perſonnes à leur Juge d'Egliſe pour le délit commun, lequel délaiſſement ſera fait à la charge de tenir priſon pour la peine du délit privilégié, où elle n'auroit été ſatisfaite, & dont répondront les Officiers de l'Evêque en cas d'élargiſſement par eux fait avant la ſatisfaction de ladite peine.*

* Art. 40.   Dans l'article ſuivant *, le Légiſlateur veut » que nul Clerc ne puiſſe deman- » der ſon renvoi au Juge d'Egliſe, s'il » n'eſt dans les ordres ſacrés, ou béné- » ficier, ou s'il ne fait dans une Egliſe » les fonctions eccléſiaſtiques ». Cet article déroge en partie au 21e. de l'ordonnance de Rouſſillon, qui n'accordoit

le privilege de la cléricature dans les procès criminels , qu'aux Clercs qui étoient au moins Sous-Diacres.

Le Clergé, peu satisfait de l'article 39, fit des remontrances au Roi, qui y répondit par une déclaration en ces termes : *Sur la remontrance à nous faite de la part du Clergé de France sur le trente-neuvieme article , ordonnons aux Députés dudit Clergé , de communiquer plus amplement avec les Présidents Conseillers d'Eglise, nos Avocats, & notre Procureur - général en notredit Parlement de Paris, pour arrêter telle remontrance qu'ils verront être à faire , afin de nous la présenter dans deux mois , & cependant ne voulons rien être innové de la forme ancienne qu'on a accoutumé de garder en l'instruction & jugement des procès ès cas privilégiés contre les personnes ecclésiastiques.* Les Juges Royaux continuerent de faire les procès aux Clercs prévenus de crime, & de ne les renvoyer aux Juges d'Eglise , qu'après avoir rendu leurs jugements.

Charles IX, par son ordonnance datée d'Amboise au mois de Février 1572, soutint cette jurisprudence, qui ne fut changée qu'en 1580.

Henri III, dans l'édit de Melun qu'il publia cette année, ordonna aux Juges de se transporter aux Officialités pour y instruire avec les Juges d'Eglise le procès des Clercs accusés du délit commun & du cas privilégié.

Cet édit ne fut pas enregistré dans les Parlements de Toulouse, de Rouen, de Bordeaux & de Dijon *. Ce défaut & les modifications que les autres Parlements ont mises à cet édit dans leur enrégistrement, ont diminué l'avantage que le Clergé espéroit en retirer.

Les Parlements de Normandie & de Bourgogne continuerent de faire le procès aux Ecclésiastiques accusés de cas privilégiés, sans en communiquer aux Juges d'Eglise ; ceux de Guyenne & de Toulouse n'obligerent pas les Justices de leur ressort d'observer sur ce point

* Rapport de l'assemblée du Clergé 1580, tit. jurisdiction, p. 46.

point l'édit de Melun ; cependant on
fuivit cette loi dans le Parlement de Paris, parce qu'elle étoit affez conforme
à la jurifprudence de fes arrêts. Le
Lieutenant-Criminel ou le Bailli fe rendoit à l'Officialité pour faire le procès
au Clerc accufé, & il y amenoit fon
Greffier. Les deux Juges inftruifoient
conjointement l'affaire du criminel :
puis ils fe retiroient, & jugeoient féparément.

L'interrogatoire fur la fellette qui fe
fait après le rapport du procès, fe faifoit auffi féparément, & le Juge Royal
ne pouvoit fe fervir des minutes faites
par le Greffier de l'Officialité, ni de
la groffe. Telle étoit la forme de procéder dans le reffort du Parlement de
Paris, lorfqu'on faifoit le procès à un
Clerc accufé de crime.

Mais on n'ordonnoit le renvoi du criminel à l'auditoire de l'Official, qu'à
condition que le Juge Royal feroit l'inftruction du procès avec celui d'Eglife ;

on défendoit en même-temps à celui-ci *de faire élargir le prifonnier , fans en communiquer au Subftitut du Procureur-général* , ce qu'il faifoit après que le cas privilégié avoit été inftruit & jugé.

Cette Jurifprudence eft en partie circonftanciée dans l'arrêt du 16e. de Novembre 1601. *. Il fut donné au fujet du nommé Pierre Dubois, Curé de Chamonville , prifonnier en la Conciergerie du Palais, appellant d'une fentence de mort rendue contre lui par le Lieutenant-Criminel au Baillage de Vermandois, Siege de Laon. Par cet arrêt, il fut ordonné que *ledit Dubois feroit rendu à l'Evéque de Paris, ou à fon Official , pa-rdevant lequel il feroit ramené , pour lui être fon procès fait & parfait fur le délit commun à la charge du cas privilégié , à l'inftruction & au jugement duquel affifteroit le Prévôt de Paris, ou fon Lieutenant-Criminel ; que les autres probatoires demeureroient au dit procès avec expreffes inhibitions & dé-*

* Reg. du Parl. 1601, en Novemb.

*fenses audit Official de procéder à l'é-
largissement dudit Dubois, sans y appeller le Substitut du Procureur-général
du Roi, & que le cas privilégié seroit
instruit & jugé* (a).

Le Parlement, en ménageant la jurisdiction du Clergé, ne put cependant
empêcher les Evêques de faire au Roi
des remontrances sur l'article de la prévention. Ils demanderent à Henri IV
que les Juges Royaux ne pussent point
ajourner les Ecclésiastiques, lorsqu'ils
seroient prévenus par l'Eglise. Le Prince
répondit que ne pouvant les satisfaire
sur cette demande, il vouloit bien que

(a) A cet arrêt, on peut en joindre d'autres ; je
me contenterai de citer ceux du 19e. d'Août 1581,
du 19e. de Février 1583, du 23e. Juillet 1585, du
22e. Février 1586, du 26e. Août 1595, du 15e. Décembre 1601, du 31e. d'Août 1602, du 19e. Juillet 1604, du 26e. Avril 1609, &c. Ainsi l'Official
commet un abus lorsqu'il n'appelle pas le Juge Royal
dans les circonstances dont il s'agit ; & la procédure
alors est jugée abusive.

les Clercs accusés fussent renvoyés aux Juges d'Eglise pour le délit commun, & même pour le cas privilégié.

Ces plaintes ne purent interrompre la Jurisprudence observée dans le ressort du Parlement de Bourgogne. Les Juges Royaux de cette Province continuerent de prendre seuls connoissance des crimes dont les Clercs étoient accusés ; le Parlement de Dijon reçut les appels de leurs jugements, & *depuis 1578, jusqu'en 1614, il fournit*, dit Milletot* , *huit ou dix exemples signalés de Prêtres & de Religieux exécutés à mort pour les crimes les plus atroces que la nature humaine puisse commettre*, & dont les Officiaux n'avoient ni instruit ni jugé les procès.

Les Juges Royaux firent valoir la prévention qu'ils s'attribuoient sur les Officiaux ; ils étoient plus en état de se saisir les premiers des Clercs criminels, & cette prévention devint parfaite même en matiere de *délit commun ;* on appelle

* Traité du délit commun & du cas privilégié, n. 61.

prévention parfaite celle qui a lieu fans charge de renvoi. Les Jurifconfultes qui foutinrent cette prévention fur les Offi-ciaux, s'autoriferent d'un arrêt du mois de Janvier 1605. Il eft rapporté par Forget, titre *des perfonnes & chofes ec-cléfiaftiques, fommaire neuvieme.*

Il femble que le Cardinal de Riche-lieu ait reconnu que la prévention étoit permife, lorfqu'il s'agiffoit du port d'ar-mes, de l'infraction de la fauve-garde du Roi, de la reconnoiffance des cé-dules, de l'apoftafie manifefte, des vols fur les grands chemins, de la fauffe monnoie, & de tout autre crime de leze-Majefté; car ce premier Miniftre, ou l'auteur du teftament qui lui eft attri-bué, prie enfuite le Roi de défendre abfolument à fes Officiers *de connoître de tous les autres cas, jufqu'à ce que les accufés leur foient envoyés par les Juges d'Eglife; il veut que s'ils contreviennent à cet ordre, on fache prefque auffi-tôt leur punition que leur délit.*

La prévention mit la division entre les Jurisdictions ecclésiastique & laïque : si le Juge Royal tenoit un Clerc prisonnier, il faisoit son procès, & le jugeoit même pour le délit commun avant que d'avertir l'Official ; celui-ci de son côté usoit autant qu'il pouvoit de revenche : lorsque le Clerc étoit dans ses prisons, il procédoit contre l'accusé sans en informer le Juge Royal. La prévention que le Juge Royal s'attribuoit dans plusieurs cas étoit en partie fondée sur ce que le Clerc accusé renonçoit au privilege de cléricature ; mais les Evêques prétendoient que ce privilege étant une prérogative attachée au Clergé en général, un particulier ne pouvoit y renoncer.

Henri IV, sur les remontrances du Clergé faites en 1605, donna l'année suivante une ordonnance, dont voici l'art. 8e. (a) : » Les Ecclésiastiques, tant

______

(a) Cette ordonn. est du mois de Décembre 1606

» féculiers que réguliers , conftitués ès
» ordres de Prêtrife, Diaconat ou fous-
» Diaconat , ou bien ayant fait vœu,
» ne pourront, étant prévenus de crime ,
» dont la connoiffance doit apparte-
» nir aux Juges d'Eglife, s'exempter de
» leurs jurifdictions pour quelques cau-
» fes que ce foit , ni même fous pré-
» texte de liberté de confcience : fai-
» fons à cet effet inhibitions & défen-
» fes à nos Juges d'en prendre aucune
» connoiffance, encore que lefdits ac-
» cufés y vouluffent confentir, comme
» auffi auxdits Eccléfiaftiques ou Reli-
» gieux qui voudront fe féparer de l'E-
» glife Catholique, apoftolique & Ro-
» maine , & quitter leur vie & pro-
» feffion pour fuivre la Religion pré-
» tendue réformée, de ne fe trouver ès
» affemblées, où fe fait l'exercice pu-

L'art. 8 que je rapporte ici d'après les Mém. du
Clergé, eft le 19e. du cahier des remontrances de
l'affemblée générale du Clergé *convoquée en 1605.*

R iv

» blic de cette Religion , avec l'habit
» qu'ils souloient porter pour marque
» de leur vœu & profession, avant qu'ils
» eussent fait ce changement , à peine
» d'être punis comme scandaleux &
» infracteurs de nos édits ».

Le Parlement de Paris enregistra cette ordonnance sur la requête des Agents généraux du Clergé * ; mais il ne le fit que quinze mois environ après la date de cette ordonnance (a) ; il mit à l'article que j'ai rapporté, cette modification (le 8e. observé à la charge du cas privilégié).

L'inobservation de l'édit de Melun faisoit souvent le sujet des remontrances du Clergé; elle fut le motif des plaintes qu'il fit au Roi Louis XIII en 1635.
» Sous prétexte , disoit-il, des cas pri-
» vilégiés , les Ecclésiastiques sont
» vexés par les Officiers de Votre Ma-

* Reg. du Parlement, Février 1608.

(a) Cette ordonnance ne fut enregistrée que le dernier jour de Février 1608.

» jeſté qui prennent connoiſſance de
» tous délits , les qualifiant privilégiés;
» c'eſt pourquoi Votre Majeſté eſt ſup-
» pliée de déclarer que les cas privi-
» légiés ſont ſeulement le crime de leze-
» Majeſté divine & humaine, la fauſſe
» monnoie, l'infraction de ſauve-garde
» Royale , & les autres crimes commis
» avec port d'armes , & aſſemblée en
» forme de guerre , & à faire défenſe à
» tous vos Juges de connoître des délits
» des perſonnes eccléſiaſtiques , ſinon en
» ces cas, auxquels leur procès leur
» ſera fait... ſelon la forme preſcrite
» par les 21ᵉ. & 22ᵉ. articles de l'é-
» dit de Melun , en interdiſant toute
» connoiſſance aux Prévôts des Maré-
» chaux , incompétents pour quelque
» crime que ce ſoit de connoître des
» Eccléſiaſtiques.

» Et d'autant qu'aucuns des Officiers
» de V. M. font difficulté de ſe tranſ-
» porter vers les Juges Eccléſiaſtiques ,
» ſous prétexte que la demeure deſdits

» Juges est hors de leur jurisdiction,
» il plaira à Votre Majesté leur attri-
» buer tout droit de jurisdiction aux-
» dits lieux pour l'instruction des procès.

» Et en cas qu'aucuns de vos Juges
» ayant voulu connoître d'un Ecclésias-
» tique, & le rendre à son Juge pour
» le délit commun, V. M. leur ordon-
» nera de le faire gratuitement, & sans
» aucun salaire, fraix de justice, ni épi-
» ces, sur peine de concussion » *.

* Nouv. mém. du Clergé, t. 7, col. 424, 425.

Le Roi, dans sa réponse au Clergé, promet de défendre aux Juges Royaux d'instruire & de juger » aucun procès
» entre les Ecclésiastiques, sinon pour
» les cas privilégiés portés par les or-
» donnances, sans les étendre à d'autres
» cas, & ce suivant qu'il est porté par
» le 22e. art. de l'ordonnance de Me-
» lun ; & afin que les Juges ne fassent
» difficulté de se transporter vers les
» Juges Ecclésiastiques, lorsqu'il sera
» question d'instruire un procès con-
» curremment, sous prétexte que la

» demeure des Juges Eccléſiaſtiques eſt
» hors la juriſdiction des Juges Royaux,
» Sa Majeſté leur attribuera pour rai-
» ſon de ce toute Cour & juriſdiction
» même hors l'étendue de leur territoire;
» & ne pourront les Prévôts des Ma-
» réchaux connoître des procès ecclé-
» ſiaſtiques en aucuns cas : pourront
» néanmoins, aux cas prévôtaux ſeule-
» ment, informer, décréter & faire la
» capture, pour enſuite être jugés ſui-
» vant les ordonnances.

» Et en cas de renvoi des Eccléſiaſ-
» tiques, il ne ſera rien pris pour le
» ſalaire des Juges, ſoit pour l'inſtruc-
» tion, ou jugement de renvoi, à peine
» de concuſſion ».

Je n'ai point trouvé de déclaration
faite par Louis XIII en conſéquence de
cette réponſe.

§. IV.

Des loix faites par Louis XIV sur la compétence des Juges ecclésiastiques & laïcs au sujet du délit commun & du cas privilégié.

LE Clergé, en 1655, renouvella les mêmes plaintes contre les Juges Royaux. Louis XIV, en 1657, donna une déclaration dont les Evêques parurent assez satisfaits : les articles 12 & 18 étoient conformes à la réponse que Louis XIII avoit faite au Clergé; mais comme cette déclaration ne fut pas enregistrée par les Parlements, les Juges laïcs ne changerent point de jurisprudence dans les procès des Clercs accusés de cas privilégiés.

Le Clergé assemblé en 1665, fit un procès verbal des griefs dont il chargeoit les Parlements : » Leur usurpa-

» tion, difoit-il, étant venue à un
» point, que non-feulement fous pré-
» texte du cas privilégié, du poffef-
» foire, ou que les caufes ne font pas
» purement fpirituelles, & qu'il y a
» nouvelleté, complainte & fcandale,
» ils ôtent anx Eccléfiaftiques abfolu-
» ment la connoiffance de toutes for-
» tes de caufes; mais que ne fe con-
» tentant pas de cela, ils avoient ces
» jours paffés, dans les Grands-Jours
» d'Auvergne, fait des entreprifes fi ex-
» traordinaires, que chacun en avoit
» été fcandalifé.

,, Et comme c'eft une affaire qu'on
» avoit traitée féparément, le Clergé
» n'en parloit que pour juftifier les
» juftes plaintes de l'Eglife contre les
» Parlements ; qu'après s'être long-
» temps fervis de plufieurs faux prétex-
» tes pour ufurper la jurifdiction ecclé-
» fiaftique, ils prétendoient d'en con-
» noître fans aucune différence, comme
» de la laïque.... ce qui obligeoit l'af-

» semblée du Clergé d'avoir recours à
» la piété & à la justice du Roi, pour
» réprimer de pareilles entreprises ».

Le cahier de ce procès-verbal fut
présenté au Roi. Le Prince fit dresser
une déclaration qui parut en 1666.
Elle rappelle les articles 12 & 18 de
la déclaration de 1657. Le Clergé sol-
licita avec empressement son enrégistrement, & ne put l'obtenir.

Le Roi faisoit travailler à une *ordonnance criminelle*, & résolut d'y terminer les points qui divisoient le Clergé
& les Parlements. Cette ordonnance
parut en 1670 ; mais Louis XIV, avant
que d'en faire une loi irrévocable, ordonna qu'on tiendroit chez M. le
Chancelier, des conférences auxquelles
assisteroient des Conseillers d'Etat, &
les principaux Magistrats du Parlement de Paris : chaque article y fut
discuté avec toute la sagesse que l'on
doit présumer dans les personnes les
plus judicieuses & les plus éclairées.

Par le 20e. & le 21e, le Roi efpéroit régler les bornes de la jurifdiction contentieufe fur les Clercs accufés de crime. Voici ces deux articles, tels qu'ils font rapportés dans le procès-verbal de l'ordonnance criminelle de 1670.

» Les Eccléfiaftiques qui feront Prê- Art. 20.
» tres, Diacres, Sous-Diacres, ou fim-
» ples Clercs, portant l'habit eccléfiaf-
» tique, & actuellement réfidents &
» fervants dans l'Eglife, ou qui en fe-
» ront difpenfés pour caufe d'étude,
» feront renvoyés aux Juges d'Eglife
» pour des crimes qui ne peuvent être
» punis que de peines canoniques; mais
» s'ils font accufés des cas mentionnés
» à l'article 11e. ci deffus (a), ou s'ils

(a) Voici l'art. 11e. „ Nos Baïllis, Sénéchaux
„ & Juges Préfidiaux connoîtront privativement à
„ nos autres Juges & à ceux des Seigneurs, des cas
„ Royaux, qui font le crime de leze-Majefté en tous
„ fes chefs, rébellions aux mandements émanés de
„ Nous ou de nos Officiers, malverfations par eux
„ commifes en leurs charges, crimes d'héréfie, trou-

» font pris avec des armes ou avec
» des habits qui ne conviennent pas à
» leur profeſſion, ou s'ils font accuſés
» d'aſſaſſinats, de vol, de fortilege, d'em-
» poiſonnement, ou de quelqu'autre
» crime capital, ils feront jugés par nos
» Baillis & Sénéchaux, & par appels
» en Cour, chacun à fon égard, fans
» être renvoyés aux Juges d'Egliſe.

Art. 21e.   » Si par le jugement qui fera rendu
» contre eux, ils font bannis & condam-
» nés à faire amende honorable ou à
» quelque peine affliſtive, d'où ne s'en-
» fuit point mort naturelle, les Juges
» d'Egliſe pourront dérechef inſtruire
» & juger pour les peines canoniques,
» fans toutesfois que l'exécution des jugements

„ bles publics faits au Service divin, rapt & enleve-
„ ment de perſonnes par force & violence „.

Cet article & le reſte font tirés du procès-verbal
manuſcrit conſervé dans la biblioth. de Ste. Ge-
nevieve.

» gements de nos Juges puiſſe être ſur-
» ſiſe ».

Ces deux articles ne furent pas ap-
prouvés de tous les Magiſtrats qui aſ-
ſiſterent aux conférences faites ſur l'ordonnance criminelle de 1670. M. le
Premier Préſident Lamoignon fut d'a-
vis de s'en rapporter ſur les articles
20 & 21, aux Evêques & aux autres
Eccléſiaſtiques aſſemblés à Pontoiſe ;
néanmoins il ajouta que » comme l'in-
» tention de S. M. étoit de conſerver
» à l'Egliſe ſes anciens privileges &
» exemptions, le Parlement ne devoit
» pas ſeulement maintenir la juriſdic-
» tion Royale & ordinaire contre les
» entrepriſes de Cour d'Egliſe, mais
» auſſi conſerver aux Juges Eccléſiaſti-
» ques ce qui eſt de leur connoiſſance
» & de leurs privileges ».

M. de Lamoignon ſe crut donc obligé
de repréſenter au Roi, que ces deux
articles ſembloient preſqu'anéantir le
privilege clérical ; » Car, diſoit-il » *

Tome II. S

* Procès-
verb. mſſ. de
l'ord. crimin.
en 1670.

» fi l'on ne renvoye les Clercs aux
» Juges d'Eglifes que pour les crimes
» qui ne peuvent être punis que par
» des peines canoniques, il n'y aura
» plus de différence entr'eux & les
» laïcs, puifque les Juges ordinaires
» les jugeront & les condamneront en
» tous les cas, efquels ils peuvent ju-
» ger & condamner les laïcs.

» Car d'ordonner qu'ils ne feront
» renvoyés aux Juges d'Eglife que pour
» les crimes qui ne peuvent être punis
» que de peines canoniques, c'eft dire
» la même chofe que fi l'on ordonnoit
» qu'ils ne feront renvoyés au Juge
» d'Eglife qu'après qu'ils auront été
» abfous par le Juge laïc, qui aura dé-
» claré qu'ils n'ont encouru aucune des
» peines qu'il prononce contre les cou-
» pables.

» Cependant ce privilege clérical
» eft obfervé dans tout le monde Ca-
» tholique : on peut dire que cet ufage
» eft attaché à l'autel : il a été ac-

» cordé ou reconnu par les Empereurs
» Romains presque aussi-tôt qu'ils ont
» embrassé la Religion Chrétienne ».

M. le Président de Lamoignon cite
plusieurs de ces Princes ; il dit que nos
Rois ont trouvé ce privilege clérical
établi dons les Gaules, & qu'une possession de plus de 1300 ans l'avoit confirmé. » Il est vrai, ajoute cette illus-
» tre Magistrat, que l'usage de ce pri-
» vilege a été différent ; on l'a quel-
» quefois porté jusqu'à un excès & un
» abus insupportable ; mais il n'a ja-
» mais été plus resserré qu'il l'est pré-
» sentement, ni moins sujet aux in-
» convénients que l'on veut empêcher
» par la disposition ».

L'article 21e., de l'ordonnance criminelle parut à M. de Lamoignon *plus
fort contre le privilege clérical que le*
20e. Par le 21_e., le Roi vouloit, *que si
les Ecclésiastiques sont bannis ou con-
damnés à une autre peine afflictive, les
Juges d'Eglise jugent dérechef les pei-*

nes canoniques , sans toutesfois que l'exécution du jugement des Juges Royaux
soit sursise.

» En ce cas, dit M. de Lamoignon,
» comment un Official peut-il faire le
» procès à un Clerc banni ou con-
» damné aux galeres? Il faudroit de né-
» cessité que cet Official allât au lieu
» du bannissement, ou même qu'il se
» transportât sur les galeres pour faire
» le procès à l'accusé, ou qu'il le ju-
» geât sans l'entendre ».

M. Pussort, Conseiller d'Etat, avoit
dressé l'ordonnance de 1670. Obligé
d'en prendre la défense , il répondit
*que l'intention du Roi n'étoit pas de res-
treindre la jurisdiction ecclésiastique, mais
de la régler.* » Le privilege des gens
» d'Eglise, dit ce Magistrat, est fort
» ancien ; dans les premiers temps, ils
» ont été jugés par les Juges Ecclésias-
» tiques ; dans la suite, ils ont été
» soumis à la jurisdiction des Juges
» Royaux : puis les uns & les autres

„ les ont jugés. Ce n'eſt pas pour don-
„ ner atteinte à leurs privileges, mais
„ pour rétablir la pureté de la juſtice
„ dans tous les ordres du Royaume.
„ Un Eccléſiaſtique eſt né ſujet du Roi
„ avant que de s'être engagé dans l'E-
„ gliſe ; ainſi ſon caractere ne le ſouf-
„ trait pas à la juſtice Royale. A l'é-
„ gard du ſpirituel, on en laiſſe ab-
„ ſolument la diſcipline aux Juges d'E-
„ gliſe ; mais le temporel appartient
„. aux Juges Royaux.

„ On voit dans l'écriture que Saint
„ Paul a appellé à Céſar (*a*) , & l'Hiſ-
» toire eccléſiaſtique nous apprend que
» St. Athanaſe s'eſt adreſſé à Conſtan-
» tin-le-Grand dans des matieres tem-
» porelles. C'eſt cet Empereur qui eſt
» l'auteur des plus grands privileges

(*a*) L'appel de Saint Paul à Céſar n'étoit point
un appel dans les formes, puiſque le Juge n'avoit
pas rendu de ſentence contre lui ; c'eſt un renvoi de
ſa cauſe à Céſar.

» des Ecclésiastiques, par conséquent,
» ils tiennent toute l'autorité de leur
» jurisdiction de la concession & de la
» grace du Prince.

» Il est vrai que l'article 20e. (de
» l'ordonnance criminelle) est contre
» l'usage; mais il est conforme à la
» raison; il n'y a pas d'apparence que
» le Clergé voulût demander au Roi
» la conservation d'un privilege, dont
» l'usage est abusif contre la dignité
» ecclésiastique, puisque les gens d'E-
» glise ne sauroient montrer aucun
» avantage qu'ils puissent tirer d'être
» jugés par l'Official, après avoir été
» capitalement condamnés.... Il im-
» porte donc de réduire ce privilege
» & de le régler, & que tous les su-
» jets du Roi, sans aucune exception,
» soient une fois convaincus, qu'ils
» peuvent être jugés par les Magis-
» trats de son Royaume. Il est bon
» que l'on soit persuadé de la consi-
» dération que le Roi a pour les Ec-

» cléfiaftiques, mais il eft encore plus
» à propos qu'on le foit de leur probité.

» Il importe donc d'empêcher l'im-
» punité ; elle fe trouveroit favorifée
» par la multiplicité & la longueur des
» procédures, dont les fraix confument
» les parties par les différents Tribu-
» naux qui n'ont aucun rapport enfem-
» ble dans leurs maximes, dans leurs
» peines, ni dans leurs manieres d'agir.
» Il y a même de l'indécence dans un
» Magiftrat d'être Affeffeur d'un autre
» Juge ; & quoiqu'il foit affifté de fon
» Greffier, il ne lui eft pas libre d'in-
» terroger, & il n'y fait aucune fonc-
» tion ; ainfi l'article eft jufte ».

Quant à la difficulté tirée de l'article 21e., M. Puffort la levoit en accor-
dant aux Juges d'Eglife quinze jours
pour inftruire le procès, & juger le
Clerc déja condamné par le Juge Royal.
Cet article parut exact à M. le Préfident de Novion qui affiftoit aux conférences : *S'il plaît au Roi de l'autori-*

fer, ajouta-t-il, *il fera fort bien exécuté dans le Parlement.*

Cependant M. Talon, Avocat-général, appuya fur les difficultés d'obferver les articles 20 & 21ᵉ. de l'ordonnance criminelle. Il dit » qu'ils abo- » liffoient entiérement le privilege ac- » cordé aux Eccléfiaftiques, d'être ju- » gés par leur Evèque ou fon Official : » ce privilege, il eft vrai, ajoute ce » célebre Magiftrat, eft une grace que » les Princes ont faite au Clergé, par » un motif de piété, & par le refpect » qu'ils ont eu pour la fainteté de leur » miniftere ; ainfi on ne peut douter » qu'il ne foit au pouvoir du Prince, » de révoquer ou de limiter un pri- » vilege accordé par fes prédécef- » feurs.

» Il eft encore certain, que fouvent » on a abufé de ce privilege ; il a fervi » aux Eccléfiaftiques d'un titre d'impu- » nité, lorfqu'il falloit trois fentences » conformes dans les Tribunaux ecclé-

» fiaftiques , avant que le Siege féculier
» pût rendre & faire exécuter fon ju-
» gement.

» Quand on pratiquoit les formes
» d'une dégradation folemnelle , il y
» avoit peu de Prêtres qui puffent être
» punis , quoique convaincus des crimes
» les plus énormes ; mais l'ufage a ré-
» formé une partie de ces abus : &
» quoique le renvoi à l'Official caufe
» encore beaucoup de fraix & de lon-
» gueurs , & qu'il y ait quelqu'indé-
» cence, que le Lieutenant - Criminel
» foit obligé de fe rendre dans le Tri-
» bunal de l'Officialité , & qu'il ne faffe
» que la fonction d'un Affeffeur ; cepen-
» dant toutes ces confidérations ne pa-
» roiffent pas affez fortes pour révo-
» quer entiérement le privilege des Ec-
» cléfiaftiques, fur-tout fi l'on confidere
» qu'il eft auffi ancien que la Monarchie,
» que l'Eglife en jouit dans toute l'é-
» tendue de l'Empire Chrétien, & que
» nous n'avons point d'exemple que

» l'on ait jufqu'ici conçu la penfée d'y
» donner atteinte.

» Il feroit fans doute plus court que
» les perfonnes engagées dans les or-
» dres facrés fuffent traduites en ma-
» tiere criminelle devant les Juges or-
» dinaires, comme les autres fujets du
» Roi ; ce qui abrégeroit les procès ;
» mais le Roi étant protecteur des im-
» munités de l'Eglife, & celle dont il
» s'agit étant une des plus anciennes,
» il y a peu d'apparence qu'il veuille
» fuivre les traces des Princes peu re-
» ligieux, qui n'ont pas fait fcrupule
» d'enfreindre en quelques rencontres
» ces immunités : nous n'en voyons point
» d'exemple dans notre hiftoire, quoi-
» qu'il s'en trouve plufieurs dans celles
» des Royaumes étrangers.

» Il fuffit de donner des bornes à ce
» privilege, telles que la pratique les
» a introduites depuis un fiecle : par
» leur moyen, on corrigera autant qu'il
» fera poffible, le mauvais effet qu'il

» produit en quelque rencontre ; on
» préviendra les plaintes que le Clergé
» du Royaume & le Pape même ne
» manqueront pas de faire, fi d'un feul
» trait on renverfe un privilege fondé
» fur des conftitutions des Empereurs
» Romains renouvellées par Charlema-
» gne, & confirmé par 1400 ans de
» poffeffion.

» Comme ces raifons paroiffent très-
» puiffantes, il eft inutile d'examiner
» l'article 21e. ; mais fi le Roi trouve
» bon de retrancher aux Eccléfiaftiques
» leurs privileges, & de ne leur en con-
» ferver que l'ombre & l'apparence, il
» faudra concerter d'autres articles pour
» abréger l'inftruction des procès, la-
» quelle fe fera conjointement par l'Of-
» ficial & le Lieutenant - Criminel ,
» pour en diminuer les fraix ,,.

M. le Premier Préfident ajouta à l'a-
vis de M. Talon ,, qu'en conféquence
» de cet article, (le 21e.) le privilege
» clérical demeuroit anéanti, & qu'au

„ surplus, en le laissant subsister, le
„ Juge Royal ne laisseroit pas de faire
„ son devoir „.

Cependant les difficultés faites par
M. de Lamoignon n'empêcherent pas
l'exécution de l'article 20ᵉ. En général,
les Juges laïcs ne renvoyerent presque
plus au Juge Ecclésiastique, dans les
cas où la peine afflictive pouvoit avoir
lieu ; ils en connurent seuls, sans donner part à l'Official de leurs procédures.

Le Clergé réclama contre cette jurisprudence ; il en porta ses plaintes au
Roi. Ce Prince fit au mois de Février
1678, un édit, par lequel il ordonna
Iᵉ. que l'article 22ᵉ. de l'édit de Melun, seroit exécuté dans tout le Royaume ; que l'instruction des procès seroit
faite conjointement par les Juges d'E-
glise & les Juges Royaux ; que ceux-
ci seroient tenus d'aller au Siege ecclésiastique situé dans leur ressort, pour
y faire rédiger par leurs Greffiers les

dépofitions des témoins, les interrogatoires, les récollements & confrontations ; que cette rédaction fe feroit
en des cahiers féparés des ceux des Greffiers des Officiaux, pour juger les procès fur les procédures écrites par leurs
Greffiers, fans pouvoir fe fervir de celles des Officiaux.

II. Que les informations faites par les
Officiaux, avant que le Lieutenant-
Criminel ait été appellé pour le cas
privilégié, ne feroient pas annullées ;
mais qu'elles fubfifteroient à la charge
de récoller les témoins par les Officiers
Royaux.

III. En cas que les Eccléfiaftiques
ayent été accufés devant les Juges
Royaux, qu'ils ayent été révendiqués
par le Promoteur de l'Officialité, &
renvoyés pour le délit commun, le
Roi veut en ce cas que les informations faites par les Juges Royaux fub-
fiftent felon leur forme & teneur, pour
être le procès achevé & jugé contre

lefdits Eccléfiaftiques pour raifon du délit commun fur ce qui aura été fait par fes Juges jufqu'au renvoi & déclinatoire.

IV. En cas que le procès fût inftruit au Parlement, le Roi prétend que les Evêques fupérieurs des Eccléfiaftiques accufés, foient tenus de donner leur Vicariat à un des Confeillers Clercs, pour être le procès fait & parfait aux Eccléfiaftiques conjointement avec un des Confeillers laïcs ou Préfident qui fera commis par la Cour. Ce Confeiller Clerc tient la place de l'Official. On a vu des Confeillers nommés par le Parlement pour procéder en quelques occafions à l'inftruction des procès des eccléfiaftiques, conjointement avec les Officiaux ; mais cette forme n'eft pas ordinaire.

V. Il eft dit que quand les crimes font des cas privilégiés, les Officiaux feront tenus d'en avertir inceffamment les Subftituts du Procureur-Général, à peine de tous dépens, dommages & intérêts, même d'être la procédure refaite à leurs dépens.

L'exécution de cet édit souffrit quelque difficulté ; l'embarras consistoit à savoir si ce seroit le Juge du lieu, dans lequel on prétendoit que le crime avoit été commis, ou celui dans le ressort duquel est situé l'Official qui instruiroit & auroit connoissance des procès en question.

Le Roi applanit cette difficulté par sa déclaration du mois de Juillet 1684.

I. Il y ordonne „ que son édit du „ mois de Février 1678 sera exécuté, „ & qu'avant de renvoyer le Clerc „ accusé à l'Official, on lui en don- „ nera avis, afin qu'il se transporte sur „ les lieux pour l'instruction du pro- „ cès, s'il le juge à propos pour le bien „ de la justice ; & en cas qu'il déclare „ qu'il entend instruire ledit procès dans „ le Siege de l'Officialité, le Roi or- „ donne que les accusés seront transfé-

„ rés dans les prisons du Juge d'Eglise
„ dans la huitaine après la déclaration
„ de l'Official, aux frais de la partie
„ civile ; & au cas qu'il n'y en ait pas,
„ aux frais du domaine ; & que le
„ Lieutenant-Criminel, & à son défaut,
„ un autre Officier du Siege où le
„ procès a été commencé, se rende
„ dans la huitaine à l'Officialité, où
„ l'accusé aura été transféré, quand
„ même elle seroit hors de son ressort,
„ pour y achever l'instruction du pro-
„ cès conjointement avec l'Official ; &
„ à cet effet toute Cour & Jurisdiction
„ lui est attribuée.

„ II. Après que le procès instruit
„ pour le délit commun, aura été
„ jugé en l'Officialité, l'accusé sera ra-
„ mené dans les prisons du *Siege Royal*
„ où il aura été commencé, pour y
„ être jugé à l'égard du cas privilé-
„ gié.

„ III. Au cas que le Lieutenant-Cri-
„ minel ou un autre Officier dudit

Siege

„ Siege Royal ne ſe rende pas dans
„ la huitaine au Siege de l'Officialité,
„ où l'accuſé aura été transféré, le
„ procès ſera inſtruit par le Lieute-
„ nant-Criminel, ou par un autre Of-
„ ficier du Baillage, ou de la Séné-
„ chauſſée, dans le reſſort duquel eſt
„ ſitué le Siege de l'Officialité, au-
„ quel toute Cour & Juriſdiction laï-
„ que eſt attribuée.

„ IV. La même choſe ſera obſervée
„ quand on aura commencé l'inſtruc-
„ tion dans l'Officialité ; les Officiaux
„ doivent avertir le Lieutenant-Cri-
„ minel „

Cette déclaration fut enregiſtrée le
29ᵉ. d'Août 1684 *.

L'édit donné au mois d'Avril 1595
augmenta beaucoup les droits des Evêques, en diminuant les prérogatives des
réguliers ; mais il ne changea rien dans
la juriſdiction contentieuſe établie depuis 1678. Il confirma l'édit de cette
année, & la déclaration de 1684, &

*Reg. du
Parlement,
Août 1684.

ordonna qu'ils feroient exécutés felon leur forme & teneur.

Néanmoins il eft à propos d'obfer-ver que l'édit de 1695 n'oblige le Lieu-tenant-Criminel de renvoyer un Ecclé-fiaftique pour le délit commun par-de-vant l'Official, que fur la requête de l'accufé, ou fur celle du Promoteur; en forte que s'il n'y a aucun déclina-toire, ni aucune demande en renvoi, le Lieutenant-Criminel peut continuer fa procédure, & juger le procès défini-tivement. Un Juge ne doit jamais rien ordonner que fur une demande; s'il le faifoit, fon jugement feroit nul : c'eft ce qu'on appelle *ultrà petita*.

Le renvoi d'un Eccléfiaftique peut être demandé en tout état de caufe * : en quoi le privilege de la cléricature differe de celui du *Committimus*. Ceux qui ont droit de *Committimus* aux Re-quêtes de l'Hôtel, ou du Palais, ne peuvent y faire recevoir leurs caufes quand elles font conteftées dans d'au-

Lonet, L. D. 29.

tres Tribunaux ; il n'en est pas de même des Ecclésiastiques dont l'Official
est le Juge : ils peuvent en tout état
de cause demander le renvoi; ils peuvent le faire après qu'ils ont fourni des
défenses, qu'il y a un appointement
en droit, & qu'ils ont écrit & produit; il est vrai qu'en ce cas ils doivent être condamnés aux dépens de
la procédure volontaire *. Le consentement que donne l'Ecclésiastique pour
procéder devant le Juge séculier, ne
détruit point son privilege, parce que
ce privilege n'est point donné à sa personne, mais à son ordre ; les parties ne
peuvent proroger la jurisdiction du Juge
Royal, au préjudice de l'Ecclésiastique *. Si l'on n'a point demandé le
renvoi au Juge séculier, & s'il rend
une sentence contre un Ecclésiastique,
son jugement n'est point nul ; car ce
Juge n'est pas obligé de connoître la
qualité des parties, ni les prérogatives
dont elles jouissent ; c'est à celui qui a

* Fevret, l.
4, c. 9, n. 4

* Louet, l. 1,
n. 29.

* Galli queſt. 353.

un privilege, à le faire connoître *. Un Eccléſiaſtique qui veut avoir l'Official pour juge, doit le déclarer & demander ſon renvoi ; s'il ne le fait pas, c'eſt une faute qu'il doit s'imputer.

Si le Juge laïc a fait une information, des interrogatoires & d'autres procédures avant la demande en renvoi à l'Official, il n'eſt pas obligé, après le renvoi, à recommencer ſa procédure ; on en doit diré autant de l'Official, s'il a fait des procédures avant que le Lieutenant-Criminel ait été averti, & qu'il ſe ſoit rendu à l'Officialité pour le cas privilégié ; les procédures ont toujours leur valeur *. En voici la raiſon. Comme le Juge Royal ne communique point ſon autorité au Juge d'Egliſe, celui-ci pareillement ne donne aucune juriſdiction à celui-là ; leurs pouvoirs ſont indépendants l'un de l'autre, la préſence de l'un n'eſt pas néceſſaire pour valider & fortifier ce qui eſt fait par l'autre. Quand l'ordonnance dit

* Edit de 1678.

que le Juge d'Eglise & le Juge Royal
inftruiront conjointement les procès des
Eccléfiaftiques, c'eft pour faire ceffer
les inconvéniens qui peuvent naître
des privileges donnés aux Eccléfiaftiques ; & comme le cas privilégié &
le délit commun font deux chofes différentes, auffi les Juges qui en con-
noiffent, ont un pouvoir indépendant
l'un de l'autre.

Mais lorfque le renvoi à l'Official a
été ordonné par un jugement, ou lorfque le Lieutenant-Criminel a été averti
de fe rendre à l'Officialité pour l'inftruction du procès, il y auroit une nullité de part & d'autre, fi l'inftruction
fe faifoit féparément ; car ce feroit con-
trevenir à l'ordonnance, qui a fait cette
fage difpofition pour accorder les deux
jurifdictions à l'avantage du public.

Néanmoins fi le Juge Royal étant
requis d'aller à l'Officialité, refufoit de
s'y rendre, il faudroit lui faire une fom-
mation par écrit, & enfuite au Procu-

reur du Roi, d'y faire trouver un Conseiller du Siege; après deux sommations de cette nature faites de huitaine
en huitaine, l'Official porroit passer outre sans craindre que la procédure fût
annullée.

Il faut donc mettre une différence
entre les procédures faites avant ou
après le renvoi : celles qui ont précédé
la demande en renvoi, sont valables,
encore qu'elles n'ayent pas été faites
conjointement en présence de l'Official
& du Juge Royal; celles qui ont été
faites depuis de cette maniere, sont dé-
clarées nulles, si le Juge n'a pas observé les formalités requises avant que
de les faire seul.

Les procédures que les deux Juges
doivent faire conjointement, sont les
informations, les interrogatoires, les
récollements & les confrontations; mais
ils doivent rendre leurs ordonnances
& sentences séparément.

L'instruction est l'ouvrage des témoins qui dépofent, ou des accufés qui fubiffent l'interrogatoire, ou des uns & des autres quand ils font confrontés devant le Juge. Les ordonnances & les fentences font l'ouvrage des Juges; ainfi quand les Juges ordonnent une inftruction, ou lorfqu'ils jugent définitivement, il n'eft pas néceffaire que l'Official & le Juge laïc foient préfents.

S'il y a un appel refpectivement interjetté, tant de la procédure faite par l'Official, que de celle qui a été faite par le Lieutenant-Criminel, il doit être jugé féparément. L'Appel du jugement de l'Official eft porté au Métropolitain: l'appel fait de la fentence rendue par le Juge laïc, eft porté au Parlement. Que fi la procédure eft déclarée nulle, & s'il faut la recommencer encore, on commettra d'autres Juges pour la faire; l'Evêque donnera des lettres de Vicariat à un autre Eccléfiaftique, & le Parlement commettra pour juge un autre Officier Royal.

T iv

Cependant l'édit de la jurisdiction donné en 1695 laissa subsister un différend, & les altercations au sujet de l'instruction des procès ecclésiastiques continuerent *. Les Juges Royaux contestoient aux Officiaux, dans le cas privilégié, le droit de prendre le serment des accusés & des témoins, de faire subir l'interrogatoire aux accusés, de récoller & de confronter les témoins, sous prétexte que ce droit n'est pas expressément attribué aux Juges d'Eglise par l'édit de Melun & par les autres édits donnés en conséquence.

Le Roi, pour terminer ce différend, & lever toutes les difficultés qui pourroient retarder l'instruction & le jugement des procès des Ecclésiastiques, donna le 4e. Février 1711, une déclaration *. Il y ordonne que dans l'instruction des procès criminels qui se font aux Ecclésiastiques conjointement par les Juges d'Eglises pour le délit commun, & par les Juges Royaux pour le

* Déclar. donnée en 1711.

* Reg. du Parlem. de Paris, Mars 1711.

cas privilégié, les Juges d'Eglife ayent la parole, qu'ils prennent le ferment des accufés & des témoins, qu'ils faffent en préfence des Juges Royaux les interrogatoires, les récollements, confrontations, & les autres procédures qui fe font par les deux Juges; de forte néanmoins que les Juges Royaux pourront requérir les Juges d'Eglife d'interpeller les accufés fur tels faits qu'ils jugeront néceffaires, foit dans les interrogatoires, foit lors de la confrontation, & du refte de la procédure.

Cette déclaration fut enregiftrée au Parlement le 3e. de Mars 1711.

On vient de voir que le Parlement a toujours maintenu, & même défendu contre l'autorité, le privilege de cléricature; le Grand-Confeil, au contraire, eft en poffeffion de le méprifer: dans les procès des Eccléfiaftiques, qu'il prétend être de fa compétence, il ne renvoye point les accufés aux Cours d'Eglife, & n'appelle point les

Officiaux à l'inftruction; ce qui rend nul le privilege de cléricature : voici un exemple de cette Jurifprudence combattue par les Parlements. La nuit du 4 au 5 Février 1707, fut affaffinée la Dame de Montreuil, Prieure de l'Abbaye de Saint-Sauveur d'Evreux. Un Diacre du Diocefe d'Evreux, nommé le François, fut accufé d'avoir commis ce meurtre. Les Juges du Préfidial d'Evreux décréterent ce Diacre de prife de corps ; il fut arrêté à Paris en habit de foldat, avec armes défendues par les ordonnances. Conftitué prifonnier au Châtelet, & transféré dans les prifons Royales d'Evreux, les Juges du Préfidial s'adjugerent la compétence du crime dont il s'agiffoit, & déclarerent que le procès feroit fait à l'accufé préfidialement & en dernier reffort.

Cependant le Promoteur d'Evreux réclama le François, & demanda qu'il fût transféré dans la prifon de l'Evêché, afin qu'il pût inſtruire le procès conjointement avec le Juge laïc ; le Préſidial ne fit aucune réponſe, & continua l'inſtruction du procès.

Le 23 Février 1709, le Procureur-général du Parlement de Rouen fut reçu appellant des jugements de compétence ; il requit que le procès fût inſtruit & jugé à la charge de l'appel ; la Chambre de la Tournelle lui accorda un compulſoire pour faire apporter les charges & informations au Greffe de la Cour ; cependant elle enjoignit au Lieutenant-Criminel d'Evreux, de continuer l'inſtruction du procès à la charge de l'appel.

Le 25 Février l'arrêt de la Tournelle de Rouen fut ſignifié au Greffe du Préſidial d'Evreux au Procureur du Roi, & au Lieutenant-Criminel. Le Procureur du Roi obéit ; mais le Préſidial croyant ſa procédure réguliere, ordonna *que ſes jugements de compétence rendus contre* *les accusés, (a) seroient exécutés sélon leur forme & teneur, sans avoir égard à l'arrêt du Parlement; que le Lieutenant-Criminel continueroit, le procès pour être jugé présidialement & en dernier ressort; il défendit au Greffier de se dessaisir du procès, à peine de 200 liv. d'amende & d'interdiction, & enjoignit au Procureur du Roi de faire toutes les requisitions nécessaires en Présidial & non en Bailliage *.*

Le Présidial, pour appuyer sa conduite, disoit que l'arrêt qu'on lui avoit signifié étoit une entreprise sur sa jurisdiction; que le Parlement ne pouvoit recevoir l'appel du jugement présidial, sauf aux accusés de se pourvoir au Grand-Conseil du jugement de compétence

---

(a) Outre Claude le François, furent accusés la Dame de Nollent de Limbœuf, Religieuse en l'Abbaye de St. Sauveur d'Evreux, Anne Duhamel, & Suzanne Noel, tante de le Francois : les deux dernieres étoient Sœurs converses en l'Abbaye.

conformément à l'ordonnance ; & comme le crime étoit un affaffinat prémédité , commis nuitamment , & un vol avec effraction , il foutenoit que le cas étoit préfidial , & que la qualité d'Eccléfiaftique donnée à l'un des accufés ne pouvoit avoir d'application dans cette efpece particuliere , puifque , outre l'énormité du crime , l'accufé étoit indigne du privilege clérical , non-feulement parce qu'il étoit déclaré déchu de fes ordres de Diacre & de Sous-Diacre par la fentence de l'Official d'Evreux ; mais encore parce qu'il avoit été pris & arrêté en habit de cavalier & de foldat , avec armes défendues par les ordonnances.

Le Procureur-général du Parlement ayant reçu cette feconde fentence , en requit l'annullation , & qu'il fût ordonné par la Cour que les articles 38 & 42 de l'édit d'Avril 1695 , fuffent exécutés par les Officiers du Préfidial ; qu'il leur fût fait défenfes de juger en dernier reffort le procès dont il s'agit; qu'il leur fût enjoint de l'inftruire & de le juger à la charge de l'appel, à peine d'interdiction, &c. ce qui fut accordé au Procureur-général par arrêt du 28 Février.

Le Préfidial d'Evreux fe pourvut au Grand-Confeil, qui, par un jugement du 9 Mars 1709, *caſſa* les arrêts du Parlement de Rouen, & ordonna que la fentence de compétence du Préfidial feroit exécutée.

Il eſt évident que le but du Parlement n'étoit que de conferver & défendre le privilege clérical, & que la conduite du Préfidial, protégée par le Grand-Confeil, tendoit à priver un Diacre du renvoi devant le Juge d'Eglife, & du bénéfice de l'appel.

Les Agents-généraux du Clergé de France, informés des prétentions du Préfidial d'Evreux, & du refus qu'il faifoit de déférer aux arrêts du Parlement, eurent recours au Roi; ils lui repréſenterent que l'entrepriſe de ce Tribunal étoit une contravention manifeſte aux édits (*a*) ; que les ordonnances ont confirmé le privilege des Eccléſiaſtiques de ne pouvoir dans aucun cas être jugés prévôtalement, ni par les Juges préſidiaux en dernier reſſort, & que dans les accuſations des cas privilégiés, elles les ont renvoyés aux Juges d'Egliſe, à la charge que l'inſtruction s'en feroit conjointement avec les Baillis & les Sénéchaux.

Le Conſeil eut égard aux repréſentations des Agents-généraux du Clergé ; quoique l'habit de ſoldat porté par le François, lorſqu'il fut arrêté, fût une circonſtance particuliere, néanmoins les ſentences de compétence du Pré-

---

(*a*) Les Agents citerent l'ordonnance de Moulins, art. 39 & 40, les déclarations ſur les art. 41 & 42 de la même ordonnance ; l'édit de Moulins, art. 22 ; l'ordonnance de 1670, les déclarations de Février 1678, de Juillet 1680 ; enfin, l'édit donné au mois d'Avril 1695, art. 38 & 42.

fidial d'Evreux furent caffées, & il fut ordonné qu'il feroit transféré dans les prifons de l'Officialité, *pour lui être le procès fait & parfait conformément aux ordonnances, édits & déclarations du Roi, à la charge du cas privilégié, pour le-quel affifteroit le Lieutenant-Criminel d'Evreux, & par appel au Parlement de Rouen.*

Cet arrêt fut exécuté; l'Official condamna le François à être dégradé de fes ordres, à une prifon perpétuelle, & à d'autres peines canoniques; quant au cas privilégié, l'accufé fut renvoyé au Juge Royal, qui le condamna à être rompu vif, & la Dame de Limbœuf à perdre la tête *.

* Nouv. mém. du Clergé, t. 7, col. 484.

On a remarqué une circonftance finguliere au fujet du lieu où l'Official d'Evreux a prononcé fon jugement; comme les prifons de l'Officialité étoient moins fûres que les prifons Royales, le procès de Claude le François fut fait conjointement par l'Official & le Lieu-

tenant-

tenant-Criminel d'Evreux dans la Chambre du Conseil du Bailliage. L'Official y prononça son jugement, après avoir été autorisé à le faire par un arrêt du Parlement rendu le 17 Décembre 1709, sur la requête du Procureur du Roi en l'Officialité.

Cette précaution étoit nécessaire, car, suivant les maximes du Royaume, un Official ne peut juger que sur son siege ; il n'a ni le pouvoir ni le droit de changer le lieu de sa jurisdiction ; & pour être autorisé à rendre autre part un jugement, il faut qu'un arrêt du Parlement de son ressort le lui permette, & qu'il en fasse mention dans la sentence qu'il doit prononcer.

Cet exemple prouve que le Grand-Conseil foule aux pieds le privilege clérical suivant ce qu'exige de lui l'intérêt du moment, & le desir qu'on doit lui supposer sans cesse d'étendre & de proroger une jurisdiction qui dépend en effet perpétuellement du moment; il

intercepte, par l'embarras que fes prétentions caufent, la célérité des exemples qu'exige la perpétration des grands
crimes.

En 1531, il avoit prétendu à la connoiffance de tous les délits commis à
l'occafion des bénéfices du Royaume;
mais l'attribution qui lui avoit été faite
le 10 Mai 1531, fut furfife dès le 5e.
Septembre de cette année, & entiérement révoquée par l'édit du mois de
Mars 1545, donné fur les remontrances du Parlement. *Au moyen de cette
évocation*, difoit cette illuftre Compagnie, *plufieurs excès demeurent impunis,
la réformation de plufienrs hôpitaux &
aumôneries différée & retardée, dont peut
advenir plus grand défordre, s'il n'y étoit
pourvu.*

En 1523, les Agents du Clergé fol-
liciterent des lettres-patentes qui attri-
buaffent au Grand-Confeil la connoiffance de tous les privileges des Eccléfiaftiques. Louis XIII accorda ces let-

tres, & les révoqua peu de temps après ; le Chancelier les retira des mains des Agents, & les remit au Parlement avec les conclusions du Procureur du Roi du Grand-Conseil *.

Un an après, les Agents sollicite-rent encore des lettres semblables aux précédentes ; le Roi y consentit par importunité ; mais il écrivit à son Par-lement, qu'il n'avoit pas entendu com-prendre dans ses lettres ce qui concer-noit son ressort *. Le Parlement ne s'en crut pas moins obligé de représenter au Roi, *que tout le corps de la Magis-trature souveraine devoit être entendu sur une affaire dont les conséquences étoient universelles.* Louis XIII, sur ces repré-sentations, fit expédier des lettres de surséance à l'exécution de celles dont se plaignoit son Parlement.

L'année 1625 vit encore renouveller cette entreprise ; mais le Parlement prévint l'expédition des lettres, & ob-tint du Roi : *que la Cour fût main-*

*Reg. du Parl. Avr. 1623.

* Reg. du Parl. 29 Juil-let 1624.

tenue en son autorité, & que la connois-
sance des différends du Clergé lui de-
meurât ainsi & comme il avoit été de

* Reg. du *tout temps* *.
Parl. 6. Sep-
tembre 1625.

F I N.